사람들은 어떻게 광장에 모이는 것일까?

게임이론으로 본 조정 문제와 공유 지식

RATIONAL RITUAL

Culture, Coordination, and Common Knowledge

by Michael Suk-Young Chwe

Copyrights ⓒ 2001 by Princeton University Press

사람들은 어떻게 광장에 모이는 것일까?
게임이론으로 본 조정 문제와 공유 지식

1판 1쇄. 2014년 7월 7일
1판 5쇄. 2020년 2월 14일
지은이. 마이클 S. 최
옮긴이. 허석재

펴낸이. 정민용
편집장. 안중철
책임편집. 이진실
편집. 윤상훈, 최미정, 강소영

펴낸 곳. 후마니타스(주)
등록. 2002년 2월 19일 제2002-00481
주소. 서울 마포구 신촌로14안길 17, 2층(04057)
편집. 02-739-9929, 9930
제작·영업. 02-722-9960
팩스. 0505-333-9960
블로그. blog.naver.com/humabook
페이스북, 인스타그램, 트위터. @humanitasbook

인쇄. 천일 031-955-8083
제본.. 일진제책 031-908-1407

값 15,000원

ISBN 978-89-6437-208-1 93300

이 도서의 국립중앙도서관 출판시도서목록(CIP)은 e-CIP 홈페이지(http://www.nl.go.kr/ecip)에서 이용하실 수 있습니다(CIP제어번호: CIP2014019743).

사람들은 어떻게 광장에 모이는 것일까?

게임이론으로 본 조정 문제와 공유 지식

마이클 S. 최 지음

허석재 옮김

후마니타스

실비아에게

차례

그림과 표 차례

그림

표

일러두기

1. 한글 전용을 원칙으로 했다. 고유명사의 우리말 표기는 국립국어원의 외래어 표기법을 따랐다. 그러나 관행적으로 굳어진 표기는 그대로 사용했으며, 필요한 경우 한자나 원어를 병기했다.

2. 본문의 대괄호([ ])와 각주는 모두 옮긴이의 첨언이다.

3. 단행본, 전집, 정기간행물에는 겹낫쇠(『　』)를, 논문이나 논설, 기고문, 단편 등은 큰 따옴표("　")를, 공연물, 영화, 텔레비전 프로그램 등에는 홑꺾쇠(〈　〉)를 사용했다.

감사의 말

이 책을 집필하는 동안, 많은 분들이 여러 방면에서 도움을 주셨다. 캘리포니아대 로스앤젤레스 캠퍼스UCLA에서 열린 합리적 선택과 그 이후: 정치경제학의 미래 컨퍼런스, 산타페 연구소에서 개최된 사회과학에서 상호작용을 기반으로 한 모델 워크숍, 스탠퍼드 대학에서 열린 하계 이론경제학 연구회, 그리고 코넬 대학에서 열린 발표회 등에서 받은 훌륭한 논평에 감사한다. 뉴욕대에서 있었던 오스트리아학파 워크숍과 정치학과에서 받은 좋은 논평에도 감사드린다. 시카고 대학의 경제학의 적용을 위한 워크숍, 시카고 인문학 연구소, 합리성, 의사擬似 합리성, 합리적 선택이론에 관한 중서부 학술 토론회, 존 켈리 교수의 인류학과 대학원 워크숍, 월더 하우스의 정치·역사·문화 연구 센터, 정치학과 등에서 받은 좋은 논평들에도 감사한다. 또한 다음에서 언급할 분들에게서 받은 조언과 격려도 큰 힘이 되었다. 앤디 애벗, 모셰 애들러, 페니 베커, 앤 벨, 매튜 베누스카, 새뮤얼 보울스, 로버트 보이드, 랜디 캘버트, 샤오홍 첸, 칼 최, 마이런 최, 존 커랜, 짐 드나르도, 프라센지트 두아라, 스티브 더로프, 마흐무드 엘-가말, 짐 피어론, 매그너스 피스케쇠, 더글러스 게일, 에드워드 글레이저, 애브너 그라이프, 버나드 그로프만, 로저 귀스네리, 애너 하비, 황창링, 존 켈리, 보아즈 케이사, 티무르 쿠란, 데이비드 레이틴, 이남희, 폴라 리, 수잔 로만, 케빈 맥케이브, 토머스 맥퀘이드, 스티븐 모리스, 아쇼크 라이, 게리 레미, 스탠 레이터, 피터 로시, 던컨 시메스터, 레스터 텔서, 배리 웨인개스트, 더글러스 화이트, 스티브 와일드먼, 피트 울프, 리비 우드, 그리고 나의 대학원 게임이론 수업의 학생들이 그들이다. 그들의 많은 논평이 책의 여러 부분에 구체적으로 도움을 주었지만, 나의 기억력 부족으로 인해 이를 충분히 반영했는지는 확신이 서지 않는다. 타일러 코웬, 허버트 긴티스, 성 H. 김, 로히트 파리크, 데이비드 루치오, 조엘 소벨, 그리고 제임스 웹스터는 초고를 읽고 매우 훌륭한 논평을 해주었다. 이 책의 일부는 학술지인 『합리성과 사회』*Rationality and Society*, 『미국 사회학 저널』*American Journal of Sociology*에 게재된 바 있다(Chwe 1998, 1999b). 두 잡지의 익명의 심사자들 또한 유익한 논평을 해주었다. 이 외에도 책에 대한 논평이나 비판, 그리고 제안이 있다면 내 이메일(michael@chwe.net)이나 홈페이지(www.chwe.net)를 통해 보내 주면 대환영이다.

노먼 브래드번은 닐슨 미디어 리서치 사의 자료를 소개해 주었다. 이 회사의 에드 쉴몰러와 롤리 슈미트는 성의껏 도움을 주었다. 벤 클레멘스, 롭 맥밀런, 제프 뉴먼이 해준 연구 조교 역할은 매우 결정적인 도움이 되었다. 스테이트빌 교정 센터의 직원들과 마셜 힐에게도 감사한다. 더불어 스테이트빌 방문을 위해 힘써 준 일리노이 교정국에도 감사드린다. 스테이트빌까지 동행해 준 짐 피어론, 매그너스 피스케쇠, 게리 헤리

겔, 데이비드 머스터드에게도 감사를 표한다. 이 연구는 미국국립과학재단National Science Foundation의 지원을 받았다(승인번호: SBR-9712277). 마지막으로 프린스턴 대학 출판부의 피터 도허티와 린다 창과 같은 훌륭한 분들과 함께 일할 수 있어서 좋았다.

이 연구는 시카고 대학에서 시작해서, 뉴욕대로 옮긴 뒤에야 마칠 수 있었다. 나는 세계 최고 수준의 두 지식 공동체의 일원이었다는 사실에 감사한다. 하지만 내가 일원이라는 사실에 가장 큰 자부심을 느끼는 곳은 바로 내 가족이다. 어머니(최정자)는 강인함과 믿음의 귀감이 되어 주셨고, 아버지(최병송)는 성실한 학자로서의 모습을 보여 주셨다. 내 형제들, 칼과 마이런, 그리고 여동생 실비아 역시 내게 끊임없는 가르침을 주고 있다. 이 책은 아내 이남희가 집에 가져온 책을 이해하기 위한 시도로 시작되었으며, 이 책은 내가 그녀에게 감사를 표할 수 있는 여러 방식 가운데 하나에 불과하다. 중요한 시기에 큰 도움을 주셨던 장모님(이기순)께도 감사드린다. 우리 아이들 한유와 한아는 고맙게도 색색의 그림을 그려 주어 일상의 기쁨이 무엇인지 일깨워 주었다.

1
서 론

이 책의 목적

개개인은 어떻게 서로의 행동을 조정하는가? 이 책은 이와 같은 '조정 문제'coordination problems를 다룬다. 일반적으로 각각의 개인은 다른 이들도 참여할 경우에만 집단행동에 나서려 한다. 예를 들어, 개인은 시위대의 수가 충분해서 경찰이 구속하거나 억압하기 어려운 상황에서만 반정부 시위에 참여하려 한다. 사람들은 서로 의사소통을 통해 이런 조정 문제를 해결한다. 그러나 개인이 참여 결정을 내리는 데에는 단순히 메시지를 전달받는 것만으로는 충분하지 않다. 왜냐하면 각 개인은 다른 사람이 참여할 때에만 자신도 동참하길 바라는데, 그러려면 각자는 다른 사람도 같은 메시지를 받았다는 것을 알아야만 하기 때문이다. 이 문제와 관련해, 개개인은 [자신뿐만 아니라] 타인도 사람들이 참여할 것이라는 확신을 필요로 한다는 사실을 알고 있기 때문에, [자신뿐만 아니라] 타인도 사람들이 메시지를 받았다는 사실을 안다는 데 대한 확신이 있어야 하며, 이런 식의 작용이 연쇄적으로 일어나야 한다. 즉, 메시지에 대한 인지만으로는 충분하지 않다. [참여를 위해서는] 다른 사람의 인지에 대한 인지, 다른 사람의 인지에 대한 또 다른 사람의 인지에 대한 인지 등 — 다시 말해, '공유 지식'共通知識, common knowledge이 필요하다. 따라서 사람들이 어떻게 조정 문제를 해결하는지 이해하기 위해서는, 공유 지식이 창출되는 사회적 과정을 눈여겨보아야 한다. 가장 좋은 사례는 공식 행사ceremony, 집회, 매스컴용 이벤트media events와 같은 '공공 의례'public ritual이다.

그런 의미에서 공공 의례는 공유 지식을 산출하는 사회적 실천이라고 이해할 수 있다. 예를 들어, 공식 행사는 사회 통합과 기존 권위 체계를 유지하는 데 기여한다. 공개 집회와 시위는 정치적·사회적 변화에 결정적인 역할을 한다. 사회 통합과 정치적 변화의 문제도 조정 문제로 이해될 수 있다. 예를 들어, 나는 기존의 권위나 사회 체계가 지속되길 바랄 수도 있고, 변혁되길 바랄 수도 있는데, 이는 다른 사람들이 어느 쪽을 지지하는가에 따라 달라진다. 공공 의례, 집회, 행사는 [행위 선택에] 반드시 필요한 공유 지식을 생산한다. 공공 의례의 기능은 중앙의 정보원으로부터 어떤 의미meaning를 각각의 수용자들에게 전달하는 데 그치지 않는다. 그것은 각각의 수용자가 다른 수용자도 인지하고 있다는 사실을 인지하도록 만든다.

이런 논의는 그간 학계에서 서로 무관한 것으로 간주해 온 맥락과 연구 전통들 간에 가교를 놓음으로써 광범한 사회현상에 대한 통찰력을 제공한다. 예를 들어, 공식 행사가 어떻게 통치자의 권위를 강화시켜 주는

가에 대한 설명 가운데 하나는, 행사의 '내용'content이 신적 영역과 의미 있는 연계를 창출하기 때문이라는 것이다. 그러나 공식 행사의 '공지성'公知性, publicity*에 주목한다면 — 다시 말해 어떻게 공유 지식이 형성되는지 밝혀낸다면 — 우리는 왕실 행차royal progress**, 혁명 페스티벌, 그리고 프랑스혁명 이후 새로운 도량형의 수립과 같은 의례적 실천ritual practice을 이해하는 새로운 관점을 가질 수 있다. 공식 행사는 감정을 고양시켜 행동하게 만든다고 간주되어 왔다. 반면, 우리의 논의는 '차가운'cold 합리성에 기반하고 있다.

의례의 언어는 종종 패턴화되어 있고, 반복적이다. 단순히 의미를 전달하는 차원에서는 쓸데없는 반복으로 여겨질 수 있다. 하지만 청취하는 입장에서는 패턴과 반복을 인식하는 것 또한 중요하다. 공유 지식 생산이라는 측면에서 메시지가 반복될 때, 수용자는 그것을 인지할 뿐만 아니라, 그것이 반복됨으로써 다른 이들 또한 그것을 듣게 될 것이라고 알게 된다. 의례에서 단체 율동은 아주 좋은 사례이다. 춤출 때, 각각은 모

---

* 'publicity'는 일반적으로 사적인 것에 반대되는 공공성, 비밀스러운 것에 반대되는 공개성이라는 두 가지 의미가 있는데, 여기서는 후자의 뜻에 해당한다. 존 롤스의 『정의론』(황경식 옮김, 이학사, 2003)에서도 'publicity'를 이 책과 같은 의미로 사용하는데, 옮긴이 황경식이 '공지성'이라는 표현을 쓴 이후 학계에서 통용돼 왔으므로, 이를 따르기로 한다. 언론학에서는 보도 기관에 정보를 제공하는 활동 일반을 지칭하는 '홍보'로 번역하기도 한다. 이 책에서 'publicity'는 단지 공개되었다는 사실만이 아니라, 모두가 안다는 사실에 대해 모두가 알고 있는, 공유 지식이 형성된 상태를 가리킨다.

** 전제군주가 가족과 수행원을 거느리고 자신의 지배 아래 있는 여러 영지를 정기적으로 방문하는 행사이다. 의사 전달이 힘들어 각 지역의 영주를 통치하는 데 제약이 있었던 시절에, 왕은 정기적인 왕실 행차를 통해 자신의 주권을 확인하고 복종을 다짐받았다. 영주들은 왕과 순방객들을 즐겁게 하기 위해 모든 노력을 기울여야 했다.

든 사람들이 주의를 집중하고 있다는 사실을 알고 있다. 만약 그렇지 않다면 전체 움직임의 패턴이 무너지기 때문이다.

원 안에서 마주 보고 있는 사람들을 상상해 보자. 고대의 키바kiva와 같이 미 대륙 남서부에서 발견된 의례 구조, 미국 여러 도시의 시청사市廳舍의 좌석 배치나, 프랑스혁명기 페스티벌의 관중 배치……. 이들 각각의 사례에서 나타나는 원형 모양은 사회적 일체감을 제고하는 데 목적이 있다고 볼 수 있다. 하지만 어떻게 그런 목적이 실현될까? 우리의 대답은 공유 지식의 창출을 통해서라는 것이다. 내부로 향하는inward-facing 원 모형은 최대로 시선이 마주칠 수 있는 공간 형태이다. 각자는 다른 사람이 인지한다는 사실을 알고 있다. 왜냐하면 각각은 다른 사람이 주의를 기울이고 있다는 것을 눈으로 확인할 수 있기 때문이다. 나는 1954년 영화 〈워터프론트〉를 통해, 특수하게는 서로를 마주 보게 만드는 원형 구조에 대해, 일반적으로는 공적·사적 의사소통을 둘러싼 쟁점이 어떻게 나타나는지에 대해 살펴볼 것이다.

특정한 상품을 구매하는 것 역시 조정 문제가 될 수 있다. 예를 들어, 어떤 영화가 대중적으로 인기를 끌면 끌수록 개개인은 그 영화를 더 보고 싶어 할 것이다. 이렇게 '조정 문제'를 수반하는 상품을 사람들이 구매하게 하려면, 광고 제작자는 공유 지식을 창출하기 위해 노력해야 한다. 리스테린Listerine을 팔기 위해 '구취 문제'를 활용했던 광고는 역사적 사례라 할 수 있다. 보다 최근에는 공유 지식을 산출하는 좋은 예로 슈퍼볼 경기를 들 수 있다. 슈퍼볼을 통해서 수많은 광고 제작자들은 '조정 문제'를 수반하는 상품을 팔고 있는 것이다. 통상적인 황금 시간대의 인기 쇼 프로그램은 광고 제작자들에게 더 많은 광고비를 받아 낼 수 있는데, 이는 그 프로그램이 공유 지식의 산출을 보장하기 때문이다(내가 어떤 인기 프로그램을 볼 때, 다른 사람들 또한 보고 있다는 것을 나는 안다). '조정 문제'를 수반하는 상품을 파는 회사는 더 대중적인 프로그램에 광고를 내는 경향이 있고, 그것은 그 프로그램이 낳는 공유 지식에 대해 프리미엄을 지불하는 것이다.

어떤 모임에서 구성원 간 관계의 패턴, '사회적 네트워크'는 조정 역량에 큰 영향을 미친다. 네트워크의 한 측면은 교우 관계의 연계가 '약한가', '강한가' 하는 점이다. 약한 연계의 네트워크에서 나의 친구의 친구는 나 자신의 친구가 아닐 공산이 큰 반면, 강한 연계에서 내 친구의 친구는 곧 내 친구일 가능성이 높다. 강한 연계의 네트워크에서는 구성원 간의 관계가 내부를 향해 얽혀 있고 정보가 느리게 이동하므로 의사소통이 어렵고, 조정된 행동에 이르기도 어려울 것으로 예상할 수 있다. 하지만 많은 경험적 연구들은 강한 연계가 조정 문제와 관련해 우월하다는 결론을 도출했다. 우리는 이 문제에 대해 이렇게 설명할 수 있다. 비록 강한 연계는 정보를 유포시키는 데는 취약할지 모르나, 공유 지식을 산출하는 데는 탁월하다. 당신 친구들이 서로 잘 알고 있을 공산이 크므로, 당신은 당신의 친구가 아는 것을 알고 있을 가능성이 높은 것이다.

마지막으로 나는 벤담의 '원형 감옥'panopticon 설계를 다루고자 한다. 원형 감옥은 중앙의 감시탑을 중심으로 감방들이 원 모양으로 배치된 형태를 하고 있다. 미셸 푸코가 보기에 원형 감옥은 감시·감독에 기반한 권력 메커니즘으로, 스펙터클이나 의례를 통한 지배와는 대비된다. 하지만 푸코를 비롯한 많은 연구자들은 애초에 벤담이 설계할 때 감시탑 위에 중앙 예배당을 두었다는 사실을 간과했다. 이 예배당은 죄수들이 각자의 감방을 벗어나지 않고도 예배를 올릴 수 있도록 한 것이다. 다시 말해 원형 감옥은 의례적 구조를 취했던 것이다. 원형 감옥은 각각의 죄수들이 다른 죄수도 같은 종류의 감시·감독 아래 있다는 사실을 인식하게 함으로써 공유 지식을 만들어 냈다.

이 책은 '조정 문제'의 다양한 적용을 목표로 하기에, 어떤 단일한 주제나 학자 혹은 텍스트를 포괄적으로 다루지는 않을 것이다. 그보다는, 현재와 같이 나뉘어 있는 사회과학 분과들 사이의 (예상 밖의) 연관성을 재조명하는 것이 이 책의 목표다. 합리성과 문화라는 개념은 인간 행위의 완전히 다른 영역이며, 그런 만큼 각기 다른 논리를 갖고 있는 것으로 간주되어 왔다. 이 책은 양자 간의 광범위한 상호 관계에 대해 다룬다. 공공 의례를 이해하려면, 합리성의 논리가 요구하는 공유 지식의 산출 방법에 대해 알아야 한다. [반대로] 어떻게 합리적인 개인들이 조정 문제를 해결하는지 이해하려면, 공공 의례에 대해 알아야 한다.

이 책은 점차 정교화되고 있는 방법론 연구에 기반하고 있다. 이를 통해서 나는 다양한 연구 주제와 여러 방법론들을 결합할 수 있다는 점을 보여 주고 싶었다. 예를 들어, 이 책에서 나는 새로운 데이터(공중파 방송의 시간대별 광고 가격, 슈퍼볼 경기에 광고를 내보내는 제품들의 내역)를 분석하고, 규칙적으로 나타나는 경험적 사실들에 대해 새로운 설명(왜 '강한 연계'가 '약한 연계'보다 나은가)을 제시하며, 의례적 실천(군무, 반복, 내부로 향하는 원)과 문화상품(영화 〈워터프론트〉)의 여러 측면에 대한 새로운 해석, 고전적 연구(벤담과 푸코의 원형 감옥)에 대한 깊이 읽기를 시도했다.

이어지는 장에서는, 어떻게 의례가 행동에 영향을 미치는가에 대해 이책과는 다르게 설명하는 입장들을 간단히 다룰 것이다. 이들은 행동에 대한 의례의 영향을 직접적인 심리적 자극으로 설명하거나, 다른 사람과 육체적으로 접촉할 때 발생하는 감정의 결과로 설명한다. 다음으로 공유 지식에 대한 일반적인 반론을 다룬다. 이에 따르면 실제 사람들은 "나는 그녀가 알고 있다는 것을 그가 알고 있다는 것을 안다"와 같이 여러 단계를 거쳐 생각하지 않는다는 점에서, 공유 지식을 '현실 세계'에 적용할 수 없다고 공통적으로 반박한다.

그 뒤엔 나의 기본적인 주장을 보다 정교화할 것이다. 이 책의 주요 주장은 공유 지식 산출이 의례의 내용과는 분석적으로 구분되는 흥미로운 차원이라는 것이지만, 실제로는 내용과 공유 지식 산출 간에도 흥미로운 상호작용이 있다. 나는 이런 점을 마케팅과 조형물, 그리고 1964년 린든 존슨의 "데이지"Daisy 텔레비전 선거 광고 사례들을 통해 보여 줄 것이다. 공유 지식은 상대방이 메시지를 받았다는 사실을 내가 아는 것만으로는 부족하고, 공유된 상징체계를 필요로 한다. 이를 통해 나는 상대가 그것을 어떻게 이해하는지 알 수 있는 것이다.

행위 조정을 위해서는 공유 지식 산출이 중요한 만큼, 이를 둘러싸고 사람들 간에 갈등이 일어난다. 예컨대, 검열은 공적 의사소통을 가장 심하게 억압하는 사례라 할 수 있다. 최근에는 현대적 광고 기법을 활용한 정치 행동도 나타났다. 예를 들어 1993년 가정 폭력 근절을 목표로 한 활동가들이 NBC 텔레비전 방송사를 상대로 슈퍼볼 경기 중에 공익광고 시간을 할애하도록 압력을 가했고, 성공을 거두었다. 공유 지식 산출이 진정한 자원이라는 사실은 '상징적' 저항이라고 해서 간과될 수 없다는 것을 보여 준다.

공유 지식은 의사소통만이 아니라 역사적 선례precedent의 공유를 통해서도 산출된다. 따라서 정치적 항의나 광고 캠페인이 공유 지식을 산출하고자 할 때는 역사적 자원에 의존한다. 역사가 공유 지식을 창출하는 데 기여하지만, 공유 지식도 대중 의례와 축제를 통해 역사를 창출할 수 있다. 비슷한 맥락에서 공유 지식은 집단적 조정을 도울 뿐만 아니라 집단과 집단적 정체성, '상상된 공동체'imagined community를 창출할 수도 있다. 예를 들어 어떤 신문의 구독자는 자신과 같은 신문을 읽는 수백만의 다른 구독자들을 의식하게 된다.

요컨대, 이 책은 세 가지를 주장하고자 한다. 첫째, 공유 지식 개념은 광범위한 설명력을 갖고 있다. 둘째, 공유 지식 산출은 공공 의례의 핵심 기능이다. 셋째, 합리성과 문화 간의 고전적 이분법은 재고되어야 한다. 세 번째 논점은 결론에서 보다 상세하게 다룰 것이다. 부록에서는 단순한 사례를 통해 나의 논의를 수학적으로 예시하고 있다.

이 책의 주장

'조정 문제'라고 불리는 상황에서 각 개인은 다른 이들도 참여할 경우에만 집합행동에 참여하려 한다. 이 문제를 조정하는 방법 가운데 하나는 단순하게 "모두 함께합시다"와 같은 메시지로 소통하는 것이다. 하지만 각 개인은 다른 사람들도 참여할 때에만 참여할 것이므로, 메시지 전달이 성공적이려면 각 개인이 그런 사실을 알 뿐만 아니라 다른 사람들도 그렇게 알고 있다는 사실을 알아야 한다. 각 개인은 다른 사람들이 서로 간에 그렇게 알고 있다는 것을 알고 있어야 한다. 이런 식으로 연쇄가 이루어져야 한다. 즉, 메시지는 '공유 지식'이 되어야만 하는 것이다.

이런 공리는 일상의 사회적 삶에서 자명한 이치이며 이 책의 중심 주장이기도 하다. 이것은 언어철학, 게임이론, 사회학 등 다양한 연구 맥락에서 다뤄져 왔다. 토머스 셸링(Schelling [1960]1980)에 영향을 받은 데이비드 루이스(Lewis 1969)가 최초로 이 공리를 이론화했다. 로버트 오먼(Aumann 1974, 1976)은 수학적 표현을 발전시켰다(부록 참조). 이것들은 다음에 소개하는 실제 사례들을 통해서 쉽게 이해할 수 있다.

내가 직장 동료와 집으로 돌아가는 버스 안에 함께 있다고 상상해 보자. 버스는 오늘따라 유난히 붐비고, 우리는 따로 떨어져 서있게 되었다. 당신은 앞문 가까이, 나는 뒷문 가까이 있기 때문에 서로 흘끔거리는 것만 가능했다. 우리가 평소 내리는 정류장에 닿기 전에 나는 창밖에서 "어이 당신 둘, 나랑 술 한 잔 하세!"하고 소리치는 동료의 모습을 보았다. 이 제안이 매우 구미에 당기지만, 차 속의 우리에게는 함께 움직여야 한다는 점이 더 중요하다. 버스 문이 열리고, 승객들로 인해 떨어져 있는 우리는 내릴지 말지를 각자가 결정해야 한다.

그런 상황에서 내가 아무리 두리번거려도 승객 속에서 당신을 찾을 수 없는 상황을 상상해 보자. 나는 당신이 창밖의 동료를 보았는지 알 수 없으므로 차에서 내리지 않기로 결정한다. 버스 안에 있던 나와 당신 사이의 의사소통이 실패한 이유는 정확히 무엇이었을까? 두 가지 가능성이 있다. 첫째, 당신이 차창 밖에서 한잔 하자고 외치는 친구를 보지 못한 경우다. 졸고 있느라 그랬을 수 있다. 둘째, 당신이 실제로는 그 친구를 보았을 경우다. 하지만 나는 당신이 창밖의 동료를 보았는지 못 보았는지 모르므로 버스에서 내리지 않는다. 이 경우, 당신과 나는 동료의 제안을 인지했지만, 나는 당신이 안다는 사실을 몰랐다.

단순히 메시지를 받았다는 사실만으로 의사소통이 성공할 수는 없다. 사람들은 다른 사람들도 그 메시지를 받았다는 사실을 알아야 하는 것이다. 다시 말해, 메시지에 대한 자신의 인지만이 아니라 다른 사람들이 안다는 데 대한 앎, 즉 '메타지식'metaknowledge을 필요로 한다.

창밖의 동료가 소리칠 때, 나는 고개를 들어 나를 찾는 당신을 보았지만 당신이 나를 보았는지 확신이 서지 않는다고 상상해 보자. 나는 바깥의 신호를 보았고 당신이 밖을 내다보는 것을 확인했으므로, 당신 또한 동료의 제안을 알고 있다고 알고 있지만, 나는 여전히 버스에 머물기로 결정한다. 왜냐하면 내가 안다는 것을 당신이 아는지는 모르기 때문이다. 그러므로 단지 한 '단계'의 메타지식만으로는 부족하다.

조정에 성공하려면 모든 단계마다 메타지식이 필수적이다. 나는 고함소리에 대해서 알아야 하고, 당신은 내가 고함소리를 들었음을 알아야 하며, 나는 당신이 안다는 것을 알아야 하고, 당신도 내가 안다는 것을 알아야 하며, 내가 알고 있음을 당신이 안다는 것을 내가 알아야 하는 등의 메타지식이 필요한 것이다. 말하자면 바깥의 고함이 '공유 지식'이 되어야 하는 것이다. '공유 지식'이라는 용어는 다양한 방식으로 사용되고 있지만, 여기서는 정확하게 정의해 제한적으로 사용하고자 한다. 어떤 사실이나 사건에 대해 모든 사람이 그것을 알고 있고, 모든 사람은 모든 사람이 그것을 알고 있음을 알고, 모든 사람이 그것을 알고 있음을 모든 사람이 안다는 데 대해 모든 사람이 아는 등과 같이 연쇄가 이루어진 경우를 공유 지식이라고 지칭하자. 두 사람 간에는 눈 맞춤만으로도 이런 많은 단계의 메타지식을 생성할 수 있다. 앞서의 사례에서 동료가 창밖에서 고함을 칠 때, 나는 당신을 보고 있고, 당신도 나를 보고 있다고 상정해 보자. 이 경우 나는 당신이 고함 소리를 들었다는 것을 알고, 당신은 내가 당신이 들었다고 안다는 데 대해 알게 된다(당신은 내가 당신을 바라보고 있는 것을 보았다). 우리가 눈을 맞출 수 있다면 버스에서 내릴 수 있다. 즉, 의사소통에 성공하는 것이다.

이런 사례의 배후에 존재하는 핵심 가정은 우리가 함께 어울리고 싶어 한다는 것이다. 즉, 나는 당신이 내릴 때에만 내리길 원하고, 당신 또한 내가 내릴 때에만 내리려고 한다. 예를 들어, 친구가 아니라 당신의 애인이 고함을 쳤다고 치자. 나는 당신과 어울리길 바라나, 당신은 나보다는 애인에게 가려고 할 것이다. 당신이 고함 소리를 들었다는 것을 내가 안다면 나는 내릴 것이나, 나 또한 들었다는 사실을 당신이 아는지 여부에 대해서 나는 관심을 가질 필요가 없다. 왜냐하면 내가 어떻게 하든 당신은 내릴 것이기 때문이다. 친구와의 사례는 '조정 문제'이다. 모든 사람은 당신도 가담할 때에만 참여하길 바란다. 다른 말로 '확신 게임'assurance game이라고도 부른다. 왜냐하면 어느 누구도 홀로 행동하길 바라지 않기 때문이다(Sen 1967). 애인의 사례는 한 개인이 다른 사람은 어떻게 할지에 관계없이 행동하므로 조정 문제에 속하지 않는다.

조정 문제에서 각각은 다른 이들의 행동에 대해 관심을 갖고, 각각은 다른 이들이 아는지 여부에 대해 관심을 갖는다. 그러므로 성공적인 의사소통을 위해서는 단지 메시지를 유포하는 것만이 아니라, 각 개인에게 다른 사람들도 안다는 사실을 알려야만 한다. 다음 두 가지 사례는 이 문제를 보다 분명히 보여 준다.

체제에 대한 저항운동은 조정 문제이다. 봉기가 성공할 가능성이 높고 구속될 가능성은 낮아야 하므로, 각 개인은 많은 사람들이 시위에 참여할 때에 자신도 참여하려고 할 것이다. 그러므로 당국은 대중 집회, 출판물, 깃발, 심지어 낙서까지 포함해 공적 의사소통에 대해 검열을 하려 든다. 그런 수단들을 통해 사람들은 메시지를 전달받을 뿐만 아니라 다른 사람들이 그것을 접한다는 것을 알게 되기 때문이다(Sluka 1992; Diehl 1992). 30여 년간 이집트에서 빵 한 덩어리의 값은 변하지 않았다. 1977년 사다트 대통령이 빵 값을 올리려 하자 커다란 저항이 일어났다. 그 뒤로 정부는 빵의 크기를 차츰 작게 만들고, 밀가루에다 값싼 옥수수 가루를 섞었다(Jehl 1996). 이런 전략은 개인들에 대한 기만 이상의 효과를 발휘했다. 개인들은 빵이 작아지고 맛이 달라지는 것을 인지했지만, 다른 사람들도 그렇게 느끼는지 확신할 수 없었다. 크기와 맛의 차이는 가격 인상과 같은 공개적인 사건public event이 아니었다.

1984년 1월 애플 사는 새로 출시된 매킨토시 컴퓨터를 홍보하기 위해 1년 중 가장 높은 시청률을 기록하는 슈퍼볼 경기 시간대에 60초짜리 멋진 텔레비전 광고를 내보냈다. 매킨토시는 기존의 개인용 컴퓨터와는 호환되지 않았다. 매킨토시 사용자들끼리만 쉽게 데이터를 주고받을 수 있어서, 소수의 사람들만 사용한다면 소프트웨어를 활용하기 힘들게 되어 있었다. 그러므로 매킨토시를 살 의향이 있는 사람은 다른 사람들도 살 것이라는 전제가 충족될 때 사고 싶어 했다. 매킨토시의 잠재적 구매자들 간에 조정 문제가 발생한 것이다. 슈퍼볼 시간대에 광고를 내보냄으로써 애플은 시청자들에게 단지 매킨토시를 알린 데 그치지 않고 각각의 시청자들에게 다른 시청자들도 매킨토시 광고를 보고 있다는 사실을 알렸던 것이다. 월트 디즈니 어트랙션Walt Disney Attraction 사의 마케팅 담당 수석 부사장은 슈퍼볼 경기가 "미국의 남성, 여성, 어린이 모두가 함께 텔레비전 앞에 모여 앉는 의례와 같은 연례행사"라고 말한다(Lev 1991; Real 1982도 참조).

조정 문제

조정 문제는 "죄수의 딜레마"로도 알려져 있는 무임승차 문제와는 다르다는 사실을 강조하고 싶다. 무임승차 문제에서는 어떤 상황이든 사람들은 참여하지 않는다. 사람들은 오로지 다른 사람들의 참여에 '무임승차'하기만을 바란다. 예를 들어 우리 모두는 공유지를 숲으로 가꾸길 원하지만, 정작 자신의 소들은 많이 방목해 풀을 뜯어먹게 할 유인incentive을 갖고 있다. 무임승차 문제를 해결하려면 사람들의 동기motivation를 확장해야 한다. 이를테면 법적·사회적 제재를 가하던가, (게임이) 반복되는 구조를 만들어서 무임승차한 사람에게는 나중에 다른 사람들이 협력해 주지 않게 하든가 하는 방법을 강구해야 한다. 하지만 조정 문제는 사람들의 동기를 바꿀 필요가 없다. 모든 사람들이 협력할 때, 각 개인은 다른 사람들을 따라서 협력에 참여하려 한다. 집단행동 문제라는 개념은 무임승차 문제만 지칭하는 것으로 받아들여지곤 하지만(Olson 1971), 정치적 저항과 같은 집단행동은 조정 문제로 더 잘 설명된다는 연구들이 있다(예를 들어 Chong 1991; Moore 1995도 참조). 또한 제재를 통해 무임승차 문제를 해결하려 하더라도, 사람들이 제재 시스템에 참여하도록 만들려면 조정 문제가 선결되어야 한다. 왜냐하면 다른 사람들도 그 시스템에 순응하기로 할 때에만, 각 개인은 시스템이 가하는 제재에 구속력을 느끼기 때문이다.

조정 문제를 해결하기 위해서 이해관계가 완전히 일치해야 하는 것은 아니다. 필요한 조건은, 다른 사람들이 더 많이 참여할수록 각 개인이 참여할 유인이 커진다(혹은 적어도 낮아지진 않는다)는 것뿐이다. 정치적 저항을 예로 들어 보자. 소수에 불과하더라도 반드시 참여하려는 '강경파'가 있을 것이고, 많은 사람들이 참여해 성사 가능성이 높아야 참여하는 '온건파'도 있을 것이며, 단지 다수 대중의 일원이 되는 경험에 만족할 뿐 저항의 정치적 목적에 대해 무관심한 '단순 가담자들'hangers-on도 있을 것이다. 이들 각각에겐 '더 많이 모일수록 더 좋다'는 점에서 조정 문제가 발생한다. 조정 문제에서 배제되는 경우는, 개인이 다른 사람의 행동에 무관심해서 각각의 결정이 완전히 독립적으로 이루어지거나, 다른 사람이 참여하지 않을 때에만 참여하는(예를 들어 사람들이 붐비지 않을 때 해변에 가려고 하는 경우) 상황이다.

조정 문제에서 각 개인은 다른 사람과 행위 조정을 하고자 하나, 조정의 방식에 관해서는 상당한 이견이 있을 수 있다. 예를 들어, "많은 가나인들은 [기존의 영어 대신에] 토착 언어 가운데 하나를 공용어로 삼길 바라지만, 여러 토착어 가운데 어떤 것을 고를지에 대해서는 이견이 있다"(Laitin 1994, 626). 주어진 조정 상황이 누군가에게는 매우 불리할 수 있지만, 그것이 조정에 참여할 수 없는 상황보다는 낫기 때문에 그는 조정에 참여한다. 사태를 단순화하기 위해, 일반적으로 우리는 [조정의 내용이 아니라] 조정에 참여할 것인지 말지에 관한 결정이 유일한 문제라고 가정한다. 어떻게 조정할지를 놓고 갈등하는 문제는 차후에 다뤄진다.

공유 지식

이 절에서는 공유 지식이라는 개념이, 우리가 흔히 사용하는 '공개적'_{public}

이라는 단어가 가진 상식적 의미 가운데 일부로서, 얼마나 유용하고 일
상적인 개념인지를 몇 가지 사례를 통해 제시할 것이다. 또한 공유 지식
이 '내용'이나 '의미'와 어떻게 구별될 수 있는지를 밝히고자 한다.

　최근 들어 미국의 정치 캠페인은 '유도 설문'push-polling을 활용하는 경
향이 있다. 중립을 가장해 유권자에게 일련의 질문을 하는 것이다. 1996
년 대선 때 공화당 예비 경선에서 밥 돌Bob Dole 후보 진영과 계약한 캠페
인텔 사Campaign Tel Ltd.는 아이오와 유권자들에게 자신들을 '아이오와 농장
협회'Iowa Farm Families라고 알리면서, 상대 진영 스티브 포브스Steve Forbes 후
보의 일률 과세flat tax* 공약을 공격하는 전화를 1만 통 이상 걸었다. 이에
대한 비판이 일자 밥 돌 진영의 대변인은 "그것은 우리의 텔레비전 광고
메시지와 다를 바 없다"고 응수했다(Simpson 1996). 두 '메시지'의 내용이
같건 다르건, 결정적인 차이는 전화 통화는 공유 지식이 아니라는 사실

---

* 비례세(proportional tax)의 일종으로, 과세표준에 비례해 과세하는 제도이다. 이에 반해 누
진세(progressive tax)는 과세표준이 높아질수록 비례 이상으로 세율을 증가시킨다.

이다. 전화를 받은 사람은 다른 사람도 같은 전화를 받았는지, 그 수는 얼마나 될지 알지 못한다. 하지만 텔레비전 광고의 경우, 그것을 보고 있는 시청자는 다른 사람들도 같은 광고를 보고 있다는 것을 알고 있으므로 공유 지식이 된다 할 수 있다. 이런 차이는 전화를 받은 사람이 1만 명이상이고, 텔레비전 광고를 본 사람이 1만 명이하라 하더라도 여전히 유효하다.

뉴욕 메트로폴리탄 오페라단('메트'라는 약칭으로 불리기도 한다)은 1995년에 공연을 하는 동안 오페라 대사를 번역해 자막으로 보여 주기로 결정했다. 하지만 그들은 무대 위의 화면에 자막을 띄우는 '슈퍼 타이틀'supertitles 방식 대신에, 관객들마다 작은 전자 화면을 통해서 자막을 볼 수 있고 이를 맘대로 켜거나 끌 수 있는 '메트 타이틀'Met Titles 방식을 개발했다. 한 평론가는 이에 대해 이렇게 논평했다. "'메트 타이틀'은 다른 방식에 비해 월등하다. …… [이 방식에서 자막은] 공연에서 공개적으로 담론화되지 않는다"(Griffiths 1995). 비록 대부분의 사람들이 자신의 자막 장치를 켜두고 있었지만, 그것은 공유 지식이 될 수 없었다. 자막을 읽고 있는 사람은 다른 사람도 그렇게 하고 있는지(혹은 읽었다는 사실을 확인해 줄 수 있는지) 모르기 때문이다.

이메일 사용자라면 참조carbon copy, cc:와 숨은 참조blind carbon copy, bcc:의 차이를 통해 공유 지식을 쉽게 이해할 수 있다. 전자의 경우, 어떤 이가 다수의 사람에게 같은 메일을 한꺼번에 보낼 때 각각의 수신자는 주소창에 함께 받는 이들의 이름과 이메일을 확인할 수 있다. 하지만 후자의 경우에는 알 수가 없다. ('수신자 목록 비공개' 같은 메시지가 전해진다.) 한 사람이 다른 사람에게 메시지를 전달할 때, 두 가지 방식에 차이는 없다. 차이는 수신자에게 다른 수신자들을 알려 주느냐에 있다. 수신자 목록이 노출되면 이메일 주소가 알려져서 스팸 메일을 받게 될 수도 있지만, 때때로 공유 지식 산출을 위해서 이런 불이익을 감수하기도 한다. 다음의 인용문을 보자. "다다키 씨는 자신이 보낸 이메일 주소 목록이 유통될까 우려해 '다음 번에는 주소 목록을 감추는 방식으로 전송해야겠어요'라고 말했다. 하지만 그녀는 여전히 주소를 공개하는 단체 메일을 보내야 할 때가 있다고 했다. 이를테면 파티나 다른 종류의 공공 모임의 경우에, '주소를 공개한 단체 메일은 수신자들에게 누가 올 것이고 누가 초대되었는지를 알려 주기 때문이죠'"(Stellin 2000).

공유 지식은 기술 발전뿐만 아니라, 사람들이 선택하는 의사소통 방식에 의해서도 영향을 받는다. 브라이언 맥노트는 회계사인 자신의 친구 사례를 든다(McNaught 1993, 53). 그 친구는 "내가 레즈비언이라는 사실을 사장님이 알고 있는 게 분명해. …… 하지만 그는 이 사실에 대해 말을 꺼내고 싶어 하지 않고, 내가 이야기하길 바라지도 않아"라고 말했다. 여기서 그녀의 사장은 그녀가 레즈비언이라는 것을 알고 있고, 그녀는 사장이 알고 있는 것을 알고 있지만, 그녀는 사장과 이에 대해 얘기할 수 없다. 왜냐하면 얘기하게 되면 사장은 자신이 안다는 것을 그녀가 알고 있음을 알게 되기 때문이다. 이 회계사와 그녀의 애인은 자기 집에서 칵테일파티를 열고 "회계 사무소의 직원과 배우자들을 초청했다. …… 마지막으로 사장과 그의 부인이 도착하자, 모든 직원들이 부리나케 배우자와 함께 문밖으로 마중 나갔다. 그리고 레즈비언 회계사도 그들 틈에 섞여 에스코트해 주는 남성의 팔짱을 끼고 나갔다. 그녀의 레즈비언 애인은 [마중을 나가지 않고] 집에 머물렀다. …… 이 경우에, 모든 사람은 그들

가운데 레즈비언이 있다는 사실을 알고 있지만, 마치 그런 존재가 없는 것처럼 행동한 것이다." 만일 그 회계사가 자신의 애인과 함께 나갔다면, 사람들은 모두가 [그녀의 성 정체성을] 알고 있음을 알게 될 것이고, 그제야 그녀가 레즈비언이라는 사실은 공개적인 공유 지식이 되는 것이다.

공유 지식은 어떤 의미에서 비밀의 반대말이다. 조지는 어떻게 그가 동성애자임을 주위에 알렸는지에 대해 묘사한다. "나는 피터에게 처음 말했고 …… 프레드에게 말했습니다. …… 그리고 그들에게 내가 공개하기 전에 다른 누구에게도 이야기하지 말라고 당부를 했습니다. …… 내가 우리 동아리의 다른 사람들에게 사실을 밝힌 이후, 그들은 그 사실에 대해 다른 사람들과 이야기를 나누었고, 그러자 얼마 뒤 모두가 이 커다란 비밀을 꽁꽁 싸매고 있지 않고, 다른 사람들과 공공연히 이야기를 했습니다"(Signorile 1995, 76). 조지는 처음엔 다른 사람들에게 개인적으로 말해 주었다. 모든 사람이 조지가 동성애라는 사실을 알더라도, 각 개인에겐 여전히 그것이 비밀이었다. 일단 피터와 프레드가 이 사실로 대화하기 시작하자, 사람들은 다른 사람들도 안다는 것을 알게 되었다. 비밀은 공유 지식이 형성된 후에야 증발했다.

공유 지식이 늘 바람직한 것은 아니다. 때때로 사람들은 의도적으로 그것을 회피한다. 어느 호텔에서 객실에 들어갔다가 벌거벗은 여성 투숙객을 보게 된 호텔의 남자 직원은 깜짝 놀라서, 그 여자에게 자신이 보았다는 사실을 알지 못하게 하려고, 큰 소리로 [남성에게만 쓰는 존칭을 사용해] "실례합니다, 고객님"Pardon me, sir하고 외쳤다. 위장은 공유 지식을 가로막지만(Kuran 1995), 이 사례에서 보듯이 정직만이 최선인 것은 아니다.

문화적 실천에 대한 대부분의 해석은 소통된 '내용'이나 '의미'에만 주목한다. 이 책이 강조하는 바는 문화적 실천이 '공지성', 보다 정확히는 공유 지식의 산출이라는 측면에서 이해될 수 있다는 점이다. 문화적 실천을 이해하는 이 같은 두 가지 방식이 전적으로 다르다고 할 수는 없지만(이에 대해서는 나중에 논의할 것이다), 유효한 구별임에 분명하다. 두 가지 예를 들어 보자. 애브너 코헨은 금요일 정오에 예배드리는 이슬람 신도에 대해 "현존의 정치 질서에 대한 충성의 표시[이재, 공동체의 모든 사람이 모여 있기에 반역을 도모할 수 있는, 전략적으로 이상적인 상황이기도 하다"라고 묘사한다(Cohen 1974, 133). 미셸 푸코가 "무장한 법적 의례"라고 묘사한 공개 처형은 실제로는 매우 불안정했다. "처참한 광경은 군중을 공포로 몰아넣는 데 그 목표가 있었지만, 군중들은 가혹한 권력에 대한 반대를 표출하거나 때때로 반란으로 이어지기도 했다. 정의롭지 못하다고 간주되는 처형을 가로막고, 죄수를 처형자로부터 강탈해 그의 사면을 이끌어 냄으로써 …… 공개 처형의 의례를 전복했다"(Foucault 1979, 50, 58-60). 어떤 사건의 의미는 '전복'overturn될 수 있지만, 대중적 정통성 획득이나 대중 반역에 꼭 필요한 공유 지식의 차원은 그대로 남는다.

논의의 기원

이 책에서 사용되는 개념들에 대한 포괄적인 조사 대신, 여기서는 다양한 맥락에서 제시되었던 기본적인 개념들을 언급해 두기로 한다. 루이스는 데이비드 흄이 제시한 노 젓는 배의 사례 속에 조정 문제가 있다는 사실을 발견했다(Lewis 1969, 6). 배안의 사람들은 모두 같은 속도로 노를 젓고 싶어 한다. 공유 지식이라는 개념은 언어에 대해 사유해 보면, 곧 바로 이해할 수 있다(Clark and Marshall 1992; Schiffer 1972). 다른 사람의 앎에 대한 앎과 같은 것은 기초적인 대화에서도 필수적이다. 예를 들어, 친구가 "커피 마실래?"라고 묻는다면, 나는 "커피는 나한테서 잠을 쫓아내 줄 거야"라며 긍정적으로 답변할 수 있을 것이다. 이런 대화가 성립하려면 내가 잠들기보단 공부를 더 하고 싶어 한다는 사실을 그 친구가 알고 있으리라고 내가 안다는 전제가 필요하다(Sperber and Wilson 1986). 조정 문제와 그 해결 방법은 애초에 셸링(Schelling [1960]1980)에 의해 제시되었고, 공유 지식은 오먼(Aumann 1976)에 의해 수학적으로 모형화되었다. 이런 논제들은 게임이론에서 다루었고(전체적인 논의의 개관은 Geanakoplos 1992를 참조), 논리학, 컴퓨터 공학 이론, 철학(예를 들어 Gilboa 1998)에서도 다루었다. '상위 신념'higher-order belief(다른 사람의 신념에 대한 신념), 공개적인 공지와 사적인 공지의 구분은 경제학과 금융 연구에서 갈수록 많이 사용되고 있다(예를 들어, Chwe 1999a; Morris and Shin 1999; Shin 1996). 공유 지식은 '마음 이론'theory of mind*, 즉 우리는 타인의 정신적 상태를 이해할 능력이 있음을 전제한다. 마음 이론이 정확히 어떻게 작동하며 어떻게 발전해 왔나 하는 문제는 인지 신경과학 분야에서 매우 중요한 질문이다(예를 들어, Baron-Cohen, Tager-Flusberg and Cohen 2000). 대중적인 책들에서도 공유 지식 개념은 오

---

* 자신이나 타인의 마음 상태를 헤아려 타인이 자신과는 다른 신념이나 의도 및 이해를 가졌다는 사실을 인식하는 능력을 말한다. 이 능력이 부족한 자폐성 장애 아동은 타인의 마음을 읽는 데 어려움을 느끼게 된다.

락용 수학 문제나 논리 퍼즐에 자주 등장한다(예를 들어, Stewart 1998).

사회심리학자들은 타인의 신념에 대해 오도된 신념을 가져서 공유 지식을 형성하지 못한 상황을 가리키는 '다원적 무지'pluralistic ignorance라는 개념을 발전시켰다. 많은 사례 가운데 하나를 들자면, 1972년 조사에서 미국의 백인 가운데 15퍼센트만이 인종 분리를 지지했지만, 72퍼센트는 본인 거주 지역의 백인 다수가 인종 분리를 지지한다고 믿고 있었다(O'Gorman 1979; Shamir 1993도 참조). 대부분은 다원적 무지를 개인 수준에서의 왜곡으로 이해했다(예를 들어 Mullen and Hu 1988; O'Gorman 1986도 참조). 가령, 개인은 자신의 관점이 다수에 속한다고 생각함으로써 마음의 불협화음을 줄인다. 최근 연구들은 소련과 동유럽 국가에 이런 논리를 적용했다. 이들 국가에서는 불만이 널리 확산되었지만 얼마나 광범위하게 확산되었는지는 소수만이 알고 있었다. 이런 설명들은 의사 표현에 대한 구속, 정부가 통제하는 언론, 사회적 유대감의 부족 등 의사소통의 제약에 초점을 맞추고 있다. 현대 통신 기술과 국외 접촉의 증대로 인해서 "다원적 무지가 약화되어 매우 강력한 정치적 파장을 낳았고"(Coser 1990, 182; Kuran 1991도 참조) 이들 체제의 붕괴를 초래했다.

법에 대한 분석을 통해 니클라스 루만은 "사회 세계의 이중적 의존성[우연성]double contingency"*을 강조한다(Luhmann 1985, 26-28). 물질세계만이 아

---

* 이는 본래 탤컷 파슨스가 사용한 개념으로, 국내 학계에서는 주로 '이중의 우연성'으로 번역되어 왔다. 하지만 이 책에서 이는 필연에 반대되는 우연을 의미하는 개념이 아니라, '……에 의존하고 있다', 혹은 '……에 따라 조건화되어 있다'는 뜻으로 보여 '이중적 의존성'으로 번역했다. 주체 간의 상호작용에서, 내(ego)가 어떻게 행동할지는 상대(alter)가 어떻게 반응할지에 대한 기대에 달려 있고, 상대도 내가 어떻게 생각하는지에 따라 반응을 결정하는 이중의 의존

니라 타인의 행동도 불확정적이다. "타인에 대한 인식perspective은 …… 오직 내가 타인을 또 다른 나로 간주할 때에만 가능하다. …… 내가 그렇듯이 타인의 행태는 언제든 변화할 수 있다." 그러므로 "예측에 대한 예측"을 안정화할 필요가 있으며, 이는 사회제도의 몫이다. "더구나 제3, 제4의 재귀reflexivity 단계, 즉 예측에 대한 예측에 대한 예측에 대한 예측에 대한 예측에 대한 예측이 고려되어야 한다." 루만에 따르면 "인식의 상호성과 주체에 대한 타자의 의미 구성은 독일 관념론으로 거슬러 올라간다."

성을 갖는다는 것이다. 이와 달리, 음식과 같은 대상에 대해서는 어떻게 반응할지에 대한 기대가 필요치 않다. 사회 체계에서는 이런 나와 타자 간의 의중적 의존성이 중심적으로 작용한다.

2

응 용

공식 행사와 권위

어떻게 의례, 공식 행사와 같은 문화적 실천들이 권력을 구성하는가? 기어츠는 "지배의 과시적 외관과 그것의 본질 사이의 명확한 구별은 점차 불분명해지고, 심지어 덜 실재적이 되고 있다. 중요한 것은 …… 이 둘이 서로 전환되는 방식이다"라고 말했다(Geertz 1983, 124). 린 헌트는 좀 더 직접적이다. 프랑스혁명기에 "정치적 상징과 의례는 권력의 은유가 아니었다. 그것들은 권력 자체의 수단이자 목적이었다"(Hunt 1984, 54). 어떻게 이런 일이 벌어질 수 있을까? 어떤 메커니즘일까?

　우리의 설명은 사회적·정치적 권위에 복종하는 것은 조정 문제라는 주장에서 출발한다. 즉, 각 개인은 다른 사람들이 권위에 더 많이 복종할수록 자신도 복종하려고 한다. 예를 들어, 하버마스는 아렌트의 이론을 다음과 같이 해석한다. "권력이라는 근본적인 현상은 **타인의** 의지를 도구화하는 게 아니라, 합의agreement에 이르고자 하는 의사소통 속에서 **공통의 의지를** 형성하는 **것이다**"(Habermas [1977]1986, 76; Postema 1982; Weingast 1997도 참조). 이 같은 조정 문제는 동의consensus에 도달하려는 의지뿐만 아니라, 위협을 통해서도 해결될 수 있다. 폴라니에 따르면 "어떤 집단에서 각자가 볼 때 지도자로 자임하는 어떤 사람의 명령을 다른 모든 사람들이 따를 것이라고 믿게 되면, 모두는 이 사람을 지도자로 따르게 될 것이다. …… 모든 사람들은 단지 다른 사람들이 지속적으로 복종할 것이라는 추정 때문에 복종한다"(Polanyi 1958, 224). 권위에 대한 복종이 조정 문제이기 때문에, 권위체는 공유 지식을 형성하는 공식 행사와 의례를 만들어 낸다.

기어츠의 설명은 사회의 중핵을 이루는 문화적 신념, 즉 '지배 서사'master fiction*로부터 출발한다. 지배 서사와의 긴밀한 관계 속에서 의례나 공식 행사와 같은 상징적 의사소통은 강력한 힘을 얻는다. 기어츠는 이것을 세 가지 왕실 행차 사례를 통해 묘사하고 있다(Geertz 1983). 16세기 영국에서 왕실 행차는 교훈적이고, 우화적인 것이었다. "네 명의 시민이 네 가지 덕성 — 순수한 종교, 신민에 대한 사랑, 지혜, 정의 — 을 표현하는 옷을 입었고," 엘리자베스 튜더는 개신교의 덕성(순결, 지혜, 평화, 완전한 아름다움, 순수한 종교)을 표현했다. 14세기 자바는 위계적이고 [왕을 중

• 여기서 'fiction'은 일반적으로 '소설', '허구' 등을 뜻하지만, 여기서는 '서사'로 번역했다. 지배 서사란 문화적 프레임을 말하는데, 프레임이 만들어지면 그 틀에 따라 인식하고 이해하게 된다. 지배 서사는 본래 존재하는 사물이나 불변의 사실이 아니라, 실천을 통해 '만들어지고' 재확인되는 가변적인 것이므로, 허구성이 있다. 하지만 그렇다고 해서 그것이 사실이 아닌 거짓이라는 뜻은 아니다.

심에 둔 동심원적인 세계관을 갖고 있었는데, 하얌 우루크Hayam Wuruk 왕은 자신을 둘러싼 네 방향에 공주들을 세워서 대동하고 행진의 중간에 등장했다. 18, 19세기 모로코에서 중핵을 이루는 신념은 "자신이 지킬 수 있는 것만을 진정으로 소유할 수 있다"는 것이었다. 따라서 "왕은 계속 이동하면서, 현지의 반대자들을 처벌하고, 동맹 세력을 늘릴 수 있는 한, 자신이 신으로부터 통치권을 부여 받았다는 주장을 믿게 만들 수 있다." 이 책의 목적상, 기본적인 질문은 이런 세 가지 사례가 어떻게 다른지가 아니라 어떻게 같은지에 대한 것이다. 말하자면, '왜 행차인가' 하는 점이다. "왕의 행차는 사회의 중심을 설정하고, 지배의 의례적 기호ritual signs를 영토에 각인시킴으로써, 이 중심이 초월적 존재와 맺고 있는 관계를 확인한다. …… 왕이 교외 지역을 순회할 때는 어떤 표시를 남긴다. 마치 늑대나 호랑이가 자신의 영역에 냄새를 퍼트리듯이 말이다."

하지만 이런 해석은 행차의 가장 두드러진 측면을 빠뜨리거나 당연시하는데, 수많은 구경꾼, "놀란 한 무리의 농노들"(Geertz 1983, 132)이 그것이다. [기어츠의] 이런 해석에 의하면, 구경꾼은 그 수가 적든 많든 왕실 행차로 강한 영향을 받는다. [반면] 이 책의 해석은 정확하게 공지성, 즉 공식 행사가 만들어 내는 공유 지식에 초점을 맞추는데, 이런 행사를 통해서 각각의 구경꾼들은 다른 이들 역시 구경하고 있다는 점을 알게 된다. 이점에서 왕의 행차는 가능한 많은 수의 구경꾼들을 한 곳에 모을 수 있는 기술적인 수단이다. 각각의 구경꾼은 길가의 다른 사람들도 이 행차를 이미 보았거나 앞으로 보게 될 것이라는 점을 알고 있고, 이를 통해 공유 지식이 확대된다. 그러므로 군주의 이동 자체는 핵심이 아니다. 순례자의 긴 행렬이나 (리셉션 등의) 영접 열列과 같이, 청중들이 이동하는 경우에도 공유 지식을 낳을 수 있다. 우리의 해석에 따르면, 지배를 나타내는 광범위한 의례적 기호들은 편재성omnipresence을 통해 초월성을 환기시키는 것이 아니다. 외려 그것은 포화 상태에 이르도록 광고를 하는 것saturation advertising*과 유사하다. 즉, 홍보 활동이 대대적으로 벌어지고 있다는 것을 알게 되면, 나는 다른 사람들도 그 광고를 틀림없이 볼 것이라는 점을 안다. 잘 생각해 보면, 왕실 행차는 늑대나 호랑이의 그것과는 사뭇 다른 것이다. 한 마리의 짐승은 특정 지역에서 냄새를 맡음으로써 다른 놈의 영역 바깥에 머물러야겠다는 것을 알 것이다. 경쟁자의 냄새를 모두 맡으려 하거나 추론하려는 짐승은 없다(이 점에서, 냄새는 경쟁자를 멀리 떨어뜨려 놓기 위한 것인 반면, 행차는 '내부' 단속을 위한 것이다).

다음과 같은 구절들 속에서 기어츠가 '공개적'public이라는 용어를 어떻게 사용하는지 살펴보자. "무엇이든 의미를 전달하는 것은 상호주관적이며, 따라서 공개적이고, 따라서 명시적이고 수정 가능한, 공공연한 설명에 도달할 수 있다"(Geertz 1980, 135). 여기서 기어츠는 다음과 같은 방법론적인 주장을 하고 있다. 즉, 문화란 "보이지 않는 어떤 정신적인 것"에 관한 것이 아니라 "사회적으로 성립된 의미의 구조"에 관한 것이며, 이를 통해 사람들은 의사소통을 하며 분석과 이해를 할 수 있다는 것이다(Geertz 1980, 135; 1973, 12). 하지만 '공개적'이라는 용어를 통해 상호주관적인 모든 것을 포괄하려는 것은, '공개 사과', '공개 법정'과 같은 일반적인 용례에 비춰 보면 너무 광범위한 규정이다. 나의 소득세 환불은 상호

• 광고 포화 상태에 이르면, 더 이상 광고를 해도 매출이 늘어나지 않게 된다.

주관적이고 어느 정도는 접근 가능한 정보지만, 그렇다고 공개적인 것은 아니다. 좀 더 확대된 논의에서 기어츠는 윙크의 의미가 눈가에 경련을 일으키는 물리적 행위로 환원될 수 없다는 점을 지적했다(Geertz 1973, 6[14-15쪽]). 윙크는 다른 사람이 알아차리지 못하게 두 사람 사이에서만 이루어지는 상호 이해이다. 다시 말해 공유 지식이 되지 않아야만 윙크는 의미를 갖는다. 이는 물론 틀린 말은 아니다. 하지만 의도적으로 다른 사람이 알아차리지 못하게 한 상황을 '공개적'이라는 개념으로 이해해야 하는지는 의문이다. '공개적'이란 용어를 그렇게 광범하게 쓰게 되면 문화적 실천에서 공지성의 차원(보다 정확히 말해 '공유 지식 산출')을 이해하기 어렵게 된다. 다시 말해 이럴 경우 우리는 의식의 핵심 기능이 공지성을 확보하는 데 있다는 사실을 이해하기 어렵게 된다. 기어츠에 따르면, "주장, 선율, 수학 공식, 지도, 그림 등은 관찰할 수 있는 관념이 아니라 읽혀야 하는 텍스트이다. 의례, 궁궐, 기술, 사회구성체가 모두 그렇다"(Geertz 1980, 135). 하지만 의례와 공식 행사는 단지 '텍스트'에 그치지 않고 [그 텍스트를] 공표하는 과정이기도 한 것이다(Keesing 1987도 참고).

기어츠의 설명이 행차의 의미 혹은 내용에 초점이 맞추어져 있다면, 이 책의 초점은 공지성, 즉 어떻게 행차가 공유 지식을 창출하는지에 맞추어져 있다. 그렇다고 내가 내용이나 의미가 중요하지 않다고 주장하는 것은 아니다. 공지성의 양상과 공유 지식 산출에 대해서도 연구해야 한다는 것이다.

린 헌트는 프랑스혁명의 상징적·문화적 실천에 대한 분석에서 이렇게 말한다. "급진파는 …… 구체제의 '지배 서사'가 얼마나 허구적이었는지를 폭로했다. …… 새로운 정치적 권위는 새로운 '지배 서사'를 필요로

했다. 사회 구성원들은 자신만의 문화와 정치를 고안할 수 있었다"(Hunt 1984, 88). 기어츠의 이론틀을 수용하면서 헌트는 그 약점을 드러내고 있다. 문화적 실천이 새로운 지배 서사를 창조하는 데 쓰인다면, 기존의 지배 서사에만 의존해서는 그런 권력이 만들어질 수 없다. 하지만 힌트는 이렇게 이어간다. "통치에 정당성을 부여하고 재확인해 주는 이야기, 기호, 상징들이 없다면 통치는 불가능하다. 이런 이야기, 기호, 상징들은 수많은 방식을 통해 '이심전심으로'unspoken 전파된다. 어떤 의미에서 정당성은 기호와 상징에 대한 일반적인 동의와 같다. 혁명운동이 기존 정부의 정당성에 도전할 때, 기존 규칙의 외양에 대해서도 도전해야만 한다. 그렇다면 새로운 질서의 이상과 원리를 정확하게 표현해 줄 새로운 정치적 상징을 만드는 데 착수해야만 한다"(Hunt 1984, 54).

여기서 헌트는 단지 새로운 상징이나 의미 체계를 만드는 것만으로는 부족하다는 사실을 인정한다. 그것들은 "일반적인 동의"를 얻을 수 있어야 한다. 이것의 의미는 확실하지 않지만, "이심전심으로"unspoken라는 용어를 통해 헌트는 공유 지식을 말하고 있을지 모른다. 각각의 사람이 알고, 다른 모든 사람도 안다는 것을 당연시할 수 있는 공유 지식을 뜻하는 것이다. 헌트가 연구한 혁명 당시의 문화적 실천은 "치유 불능의 광적 맹세"(Jean-François La Harpe, Hunt 1984, 21에서 재인용)라고 불렸고, 심지어 자유의 나무를 심고, 혁명 상징색을 입는 것으로 나타났는데, 이런 것들은 공유 지식 산출을 위한 공식 행사이다. 이런 행사를 통해 모든 참가자들은 다른 이들도 동참하고 있다는 것을 알게 된다.

혁명파들은 새로운 도량형(미터법)과 역법曆法을 개발했다. 달력엔 새로운 공휴일이 제정되었고, 7일이었던 한 주 단위는 열흘decades로 바뀌었다.* 현재 진 세계적으로 통용되는 자동차 우측통행도 프랑스혁명의 산물이다. 서구 유럽에서는 본래 좌측통행이었지만 (바뀐 제도에서는) 보행자들이 보통 우측통행을 하므로 걸어가면서 차량들을 마주 보게 되는 데, 이것이 보다 민주적이라고 생각했다(Young 1996). 헌트는 이런 변화를 프로파간다(선전)의 측면에서 해석한다. "심지어는 시계도 혁명을 증명할 수 있는 것이다"(Hunt 1984, 71). 우리는 좀 더 세밀하게 접근해야 한다. 사람들이 교역, 시간, 여행과 관련된 새로운 규범을 수용하는 것은 일종의 조정 문제이다. 새로운 정부를 수용하도록 만드는 조정 문제보다는 덜 중요하지만, 그 조정의 규모가 엄청나다는 점에서는 매우 비슷하다. 하나의 조정 문제를 성공적으로 해결함으로써, 혁명파들은 그 다음의 조정 문제를 해결하는 데 유용한 공유 지식을 확립한다. 사람들은 다른 사람들이 새로운 체제를 얼마나 지지하는지 알기 어렵다. 대신 다른 사람들이 새로운 도량형을 쓰는 데 동의하는지는 알 수 있다. 윌리엄 슈얼은 새로운 도량형과 시간개념을 이데올로기의 문제로 설명한다. "혁명파들은 사람들의 시공간에 대한 경험을 바꾸려고 했다. 혁명은 새로운 형이상학적 질서를 인식했다. 구래의 형이상학에 기반한 기존 관습은 새로운 이성적·자연적 기준으로 재구성되어야 했다"(Sewell 1985, 77). 하지만 새로

• 프랑스혁명 정부는 1793년 11월 24일부터 새로운 역법을 시행했다. 공화정을 선언한 1792년 9월 22일을 혁명력 원년 1월 1일로 정하고, 모든 단위를 10진법에 맞추었다. 1년은 12개월, 각 월은 30일, 1순일(décade)은 10일로 해서, 한 달은 3순일이 된다. 1일은 10시간, 1시간은 100분, 1분은 100초로 정했다. 1년은 365일이므로 30일씩 12개월로 나누고도 남는 5일은 축제일로 삼았고, 4년마다 돌아오는 윤일은 혁명기념일이 되었다. 하지만 나폴레옹 1세의 제정으로 복귀한 이후, 1806년 1월 1일부로 기존의 그레고리력으로 환원된다.

운 도량형과 역법이 효과적이었던 이유는 단지 개인들의 혁명과 물리적 세계에 대한 사고방식을 바꾼 데 있지 않았다. 그것은 사람들 상호 간에 소통 방식을 바꾸었고, 각 개인이 다른 개인들에 대해 인지하는 내용을 바꾸었기에 효과를 거두었다.

제임스 스콧은 공개적 의사소통('공개된 대본'public transcript)과 비공개적 의사소통('숨은 대본'hidden transcript)을 분명하게 구분한다.• 가령 "가톨릭의 위계질서는 …… 수많은 신도들이 결혼하지 않고 동거를 하기로 결정하는 것보다, 이들이 공개적으로 결혼식을 거부하는 것을 더 중요하게 여긴다." 마찬가지로 "소작농들이 높은 임대료에 대해 불만을 품고 있을 때, 지주는 그들을 개별적으로 만나 해결하려고 하지 공개적으로 그들과 충돌하길 원치 않는다"(Scott 1990, 203-204, 56). 문제는 역시 "왜 그런가?" 하는 점이다.

스콧은 침묵을 깸으로써 유발되는 감정에서 원인을 찾는다. 예를 들어, 1910년에 흑인 권투 선수 잭 존슨이 백인인 짐 제프리를 꺾었다는 라디오 생방송이 나간 직후에, "모든 남부와 대부분의 북부에서 인종 간 다툼이 일어났다. 승리감에 도취된 흑인들은 순간적으로 행동거지와 말투가 대담해졌다. 도취감은 다양한 형태를 띠고 나타났다." 공개적인 발표는 "정치적 전류"를 창출한다. 공개적 발표의 효과가 얼마나 널리 퍼져 나

• 동남아시아 각국에서 벌어진 농업 개혁과 이에 대한 농민의 저항 관계를 분석하면서 고안된 개념이다. "권력관계에서 반대 진영에게 공공연하고 분명하게 전달된 행위"를 뜻하는 공개된 대본과 달리, 권력의 무대 밖에서 형성되고 배출되는 민중의 제스처, 연설 등 이른바 피지배 계급의 보이지 않는 항변이 바로 숨은 대본이다.

가는지 이해하려면, "이런 은유가 유용할 것이다. 즉, 사회에는 비슷한 숨은 대본들을 가진 사람들이 모여서 전선망power grid을 이루고 있다. 하나의 전선망에 속해 있더라도 숨은 대본 간의 작은 차이들은 마치 전류를 차단하는 전기저항electrical resistance과 같은 기능을 하고 있는 것이다"(Scott 1990, 41, 224).

하지만 스콧의 설명은 공개적 발표가 공유 지식을 창출한다는 우리의 설명과 같은 것이다. "이런 숨은 대본이 공개적으로 발표될 때에야 비로소 피억압자들은 자신의 주장과, 꿈, 분노가 얼마만큼 다른 피억압자들과 공유될 수 있는지 알게 된다." 리카르도 라고스가 피노체트의 고문과 인명 살상에 대해 국영 텔레비전 생중계를 통해 고발했을 때, 그는 "지난 15년간 생각하고 말할 수 있는 자유를 가졌던 칠레 시민은 수천 명에 불과할 것이다"라고 말했다. 그 연설의 내용보다도 그것이 공개적이고 공식적이었다는 사실이 "정치적인 충격파"를 낳았다. "모든 사람들이 어느 정도 알고 있던 내용이었지만, 대담하게 발표되기 전까지는 이상한 방식으로 희미하게 가려져 보이지 않았다"(Scott 1990, 223, 207, 215-216).

그럼에도 스콧은 자신의 주장이 가진 잠재력을 간파하지 못했다. "예를 들어 매우 계층화된 농경 사회를 상상해 보자. 이곳의 지주들은 반항하는 소작인을 색출해서 처벌할 강권력을 최근에야 얻게 되었다. 그들이 강력한 의례적 외관ritual front을 유지하는 한, 즉 자신들의 강권력을 휘두르고, 과거 반대를 진압했던 사건들을 기념하며, 강압적인 분위기를 유지하는 한, 자신의 실질적인 권력보다도 훨씬 더 위협적인 영향력을 행사할 수 있을 것이다." 여기서 스콧은 기어츠와 마찬가지로 국가 의례의 힘을 연계association — 스콧에게서는 강권력에 기반한 기존 권력과의 연게, 기어츠에게는 지배 서사와의 연계 — 에서 찾고 있다. 그러나 스콧이 지적하듯이 "권력과 권위의 의사소통은 그것이 자기 충족적 예언self-ful-filling prophesy 같은 것을 강화해야만 [원하는] 결과를 낳는 데 성공한다. 만일 피억압자들이 지배자를 강력하다고 믿는다면, 그런 인상은 지배자로 하여금 스스로를 권력의 위치에 올려놓는 데 일조할 것이고 결국 실질적 권력을 강화할 것이다"(Scott 1990, 49). 그러므로 의례의 공지성 확보, 즉 성공적인 의사소통은 권력을 그 스스로 구성하게 만든다. 연계는 유익하지만 절대적인 필요조건은 아니다. 전선망의 비유에서 전기저항보다도, 숨은 대본에서의 차이가 공유 지식을 취약하게 만든다고 할 수 있다. 가령, [무슬림인 어머니와 벵골인 아버지 사이에서 태어나] 캘커타에서 어린 시절을 보낸 미카 굽타Mika Gupta는 시몬 드 보부아르의 『제2의 성』을 읽은 소감을 이렇게 말했다. "그녀의 언어는 강력했다. 그녀는 내가 어떻게 느꼈는지 알았기 때문에 강력했던 것이다. …… 동시에 그녀가 나를 소외시키고 있는 것을 발견했다. …… 거기엔 '문화의 사생아'로서 내 경험이 들어갈 공간이 없었다"(Okely 1986, 4). 마지막으로 (앞에 나오는) 잭 존슨의 승리 소식에 대한 반응을 [비합리적인] '도취'라고 설명할 필요는 없다. 만일 내가 그 순간 진정성을 갖고 행동한다면 다른 사람도 그럴 것이라고 내가 생각할 때, 내가 싸움에 나서는 것은 합리적인 것이다.

의례는 어떻게 작동하나?

자주 인용되는 루소의 '사슴 사냥' 우화에서, 개인은 다른 사람들과 힘을 합쳐 사슴을 사냥할 수도, 혼자서 토끼를 사냥할 수도 있다(Rousseau [1755]1984). 만일 모든 사람들이 협력해서 사슴을 쫓으면 잡을 수 있고, 모두가 토끼 한 마리보다 더 나은 소득을 올린다. 하지만 몇몇 사람만 사슴을 쫓았다간 실패할 수밖에 없고, 각자는 토끼를 잡는 편이 유익할 것이다. 그러므로 각자는 다른 사람이 가담할 때에야 비로소 자신도 사슴 사냥에 나설 것이다. 누군가가 "내일 해 뜰 때 사슴 사냥을 가자"는 메시지를 구전口傳으로 보낼 수 있다. 하지만 보다 효과적인 방법은 모두가 모인 자리에서 알림으로써 모두가 계획을 인지하고, 모두가 다른 사람이 그 계획을 알고 있다는 사실을 즉각적으로 인지하게 만드는 것이다. 즉, 공유 지식을 형성하는 것이다. 이 모임을 '의례'라고 부를 수 있다면, 이 의례의 목표가 조정 문제를 해결하는 데 필요한 공유 지식을 형성하는 데 있다는 것이 우리의 주장이다.

앞서 논의한 대로, 조정 문제는 집단 사냥과 같은 특정한 과제만이 아니라 정치·사회적 권위와 같은 광범위한 문제도 포함한다. 앞에서 우리는 현 체제를 수용할 것인가에 대한 개인적 선택이라는 차원에서 권위를 살펴보았다. 하지만 권위란 일반적으로 사회적 신분 체계, 행동의 명시적·암묵적 규칙, 사회적 상호작용을 규율하는 관념과 제도 등 훨씬 넓은 내용을 포괄한다. 이런 경우에 의례는 특정한 사냥 계획 정도가 아니라 일련의 신념과 규칙들을 공개하고 공유 지식으로 만들어 내야 한다. 잠비아의 은뎀부Ndembu 의례에 관한 빅터 터너의 분석은 우리의 주장을 뒷받침한다. "의례란 사회적 삶의 일관성을 가진 어떤 특정 문화에 속한 사람들이, 상호 소통에 사용되는 용어를 주기적으로 반복하는 것이다. 은뎀부 인들은 종교 행위를 통해서 행위 준칙에 대한 공공의 관심을 끌어내려는 것이다"(Turner 1968, 6, 269).

내부 압력(은뎀부 남자들이 모계 친척들과 어울려 살아야 한다는 원칙과, 남자들은 자신의 부인이 제 마을에 살게 할 권리가 있다는 원칙 간의 갈등), 외부 압력(잠식해 들어오는 서구의 화폐경제), 그리고 불가피하게 생기기 마련인 개인적 갈등들 때문에, 의례를 통해서 행위 규칙을 지탱해야 할 항구적인 필요가 존재한다. "사실상, 어떤 의례들은 사회적 부담감과 긴장 요소들이 조화로운 집단생활을 심대하게 위협하려 하면, 그것들을 방지하거나 제거하려는 목적에서 '설계'된 것처럼 보인다"(Turner 1968, 280). 보다 일반적으로 "많은 아프리카 부족들은 작은 공동체가 해체 위기에 놓였을 때 의례를 시행한다"(Turner 1968, 278). 행위 규칙을 인지하고 그에 따르는 것이 조정 문제라고 할 때, 긴장감과 적대감이 이런 규칙을 위협한다면, '치유적' 대책이 당장 필요해진다. 왜냐하면 체제에서 이탈하는 사람들이 늘어날수록, 다른 사람들 역시 그 체제에 잔류해야 할 유인이 줄어들기 때문이다.

의례는 정확히 어떻게 사회적 통합에 기여하나? 터너는 아샨티Ashanti 족의 추장이 한 말을 길게 인용했다. "우리 선조들은 매년 한차례씩 모든 남자와 여자, 자유인이나 노예 할 것 없이 모두가 마음에 담아 둔 말을 자유롭게 내뱉고, 이웃들에 대해 평소 가졌던 생각을 이웃들은 물론이고 왕과 추장들에게까지 이야기하는 시간을 가졌다. 한 남자가 자유롭게 말할 때, 그는 자신의 영혼sunsum이 차분해지고 안정되는 것을 느끼며, 듣고 있는 사람들도 마찬가지로 영혼이 안정된다. 당신이 그의 면전에서 자기 생각을 말하도록 허용되면, 두 사람 모두에게 유익하다"(Rattray 1923). 터너는 이를 "고위층이 비난받음으로써" 신분의 주기적 '평준화'levelling가 일어나는 것이라고 해석했다. 우리의 주장에 따른다면, 초점은 타인의 면전에서 공개적이고 공식적으로 말한다는 사실이다. 이로써 그전에 은밀하고 개인적인 것들, 다시 말해 다른 사람들은 오로지 추측할 수밖에 없었던 당신의 원망들이 공유 지식이 되고, 공개적으로 해소될 수 있다.

의례가 어떤 방식으로 제 기능을 수행하는지를 이해하려면, 동원되는 상징과 언어들의 다양한 의미를 이해하는 게 필요하다고들 말한다. 하지만 몇몇 사람들은 의례가 '의미'의 차원에서는 쉽게 이해되기 어렵다는 점을 지적한다. 예를 들어 의례에서 사용되는 언어들은 보통 수없이 반복되고, '고전적인 병행 어법'canonical parallelism*(Jakobson 1966)의 경우처럼 운문과 노래의 형태로 짜여 있다. 모리스 블로크는 마다가스카르의 메리나Merina 족의 할례 의식을 사례로 들어 이렇게 말한다. "참가자들은 (일상 언어와 달리) 형식화된formalised 연설이나 노래와 같이 특정한 방식으로 자신의 언어를 사용한다. 의식에 사용되는 상징들을 순전히 형식적으로 분석하면 이런 핵심적인 사실을 놓치게 된다"(Bloch 1974, 56). 프리츠 스탈은 이렇게 말한다. "만트라불교에서 기도나 명상 때 외우는 주문에 나오는 산스크리트어는 종종 불가해한 방식으로 사용된다. 그런 주문들이 원래 제 의미를 가지고 있지만, 의례에서는 언어적 의미와 전혀 다르게 사용된

---

* 같은 문장을 반복하거나, 구성 요소가 흡사한 문장을 반복하는 어법이다. 가령, "사람 위에 사람 없고, 사람 밑에 사람 없다"와 같은 용례이다. 히브리 시의 관습으로 성서나 교회음악에서 쉽게 발견할 수 있다.

다"(Staal 1989, 264). 스탈은 주문의 의례적 성격을 단어의 의미가 아니라, 발설된 음절들의 운율과 패턴에서 찾는다.

같은 구절의 반복에 대해 정보이론에서는 불필요한 중복이라고 간주한다. 하지만 스탠리 탐바이아가 말했듯이, 정보이론은 이 경우에 곧바로 적용될 수 없다. 의례는 정보 전달에 그치지 않고, 사람들 상호 간 결속, 사회의 통합과 지속을 위한 것이기 때문이다. 탐바이아에 따르면 "'의미'란 '정보'가 아니라 패턴인식pattern recognition으로 이해되어야 한다"(Tambiah 1985, 138). 이를 공유 지식 산출이라는 차원에서 해석하면, 반복은 각 개인이 메시지를 분명히 수용하도록 만들 뿐만 아니라, 각 개인이 반복된다는 사실 자체를 인식하고, 그리하여 다른 모든 사람이 그 메시지에 노출되었다는 것을 알게 해준다. 클로드 레비-스트로스는 다음과 같이 이야기한다. "왜 신화, 그리고 보다 일반적으로 구전문학에서는 같은 구절을 2중, 3중, 혹은 4중으로 반복하는 데 그토록 탐닉하는가? …… 해답은 자명하다. 반복의 기능은 신화의 구조를 명시적으로 만드는 데 있다"(Lévi-Strauss 1963, 229[218쪽]). 우리의 해석에 따르면, 반복의 기능은 그것을 명시적으로 만드는 데 있다.

블로크는 의례에서 언어가 형식화되는formalised("발화 행위 순서의 고정성") 이유는 전달 가능한 의미의 집합을 제한하기 위해서라고 주장한다. "발화의 형식화는 말로 표현될 수 있는 것을 크게 제약한다. 발화 행위는 모두 비슷해지거나 한 부류인 것처럼 나타난다. 이런 의사소통이 이루어지면, 말로 표현될 수 있는 것은 별다른 선택의 여지가 없게 된다. 발화는 잠재적으로는 무한히 다른 발화로 이어질 수 있음에도 (실제로는) 하나 내지는 불과 몇 개의 발화만이 이어지게 된다"(Bloch 1974, 62-63). 블로크에게 이런 형식화는 의례적 권위의 원천이다. "언어의 형식화는 발화자가 수용자들의 반응을 강제하는 방식이며, 사회적 통제의 형태로 나타난다. …… 당신은 노래를 통해 논쟁할 수는 없다"(Bloch 1974, 64, 71). 우리의 해석에 따르면, 의례에 참가한 각자는 다른 참가자들이 주의를 기울이고 있는지 확신할 수 없다. 형식화, 즉 한 구절이 읊어지면, 자동적으로 다음 구절이 뒤따른다는 사실은 각각의 개인들에게 확신을 심어 주게 된다. 누군가 잠시 딴 생각을 하거나 얼마 동안 넋이 빠져 있더라도, 그는 여전히 다른 사람들이 듣고 있는 내용을 쉽게 알아차릴 수 있다. 수많은 반복과 구조화를 통해서 끝부분에만 주의를 기울인 사람일지라도, 첫 부분에만 주의를 기울인 사람이 들었던 것을 자신도 알게 된다. 보다 장기적인 수준에서, 매년 같은 의례를 반복하면 청년층은 장년층이 몇 년 전에 들었던 것이 무엇인지 알 수 있게 되고, 장년층은 자신이 알고 있는 것을 미래의 사람들도 알게 될 것이란 확신을 갖게 된다. 의례가 연속된다는 확실한 사실은 응답을 강제함으로써가 아니라, 공유 지식 산출을 용이하게 함으로써 권위를 형성한다.

블로크는 형식화라는 개념에 "불완성 어휘"와 "경전이나 속담 같은 제한된 자료를 활용한 묘사"를 포함시켰다(Bloch 1974, 60). 의례의 이런 두 측면은 공유 지식 형성에도 기여한다. 모든 용어와 묘사들이 공통으로 사용되어 혼란의 여지가 없다는 점은 모두에게 자명하다. 탐바이아는 의례에서 "참가자들이 그 사건을 강렬하게 경험할 수 있는 복수의 매체"를 활용한다는 점을 발견했다(Tambiah 1985, 128). 그러므로 의례에 참가한 사람은 하나의 매체가 아니라면 다른 매체도 있을 테니, 다른 사람들도 같은 것을 경험하리라고 굳건히 믿게 된다. 이와 비슷하게 터너는 의례가 "여러 다의적polysemous 상징물을 포함하더라도 매우 강한 통일성을 보여 준다"고 말한다. "이런 의미에서 그것은 마치 일종의 예술 작품과 같다"(Turner 1968, 21, 269). 달리 말해, 의례는 같은 사물에 대해 몇 가지 상이한 방식으로 언명한다. 이를 통해 각 개인은 다른 사람들이 어느 하나의 방식으로 수용하지 못했더라도 다른 방식에 의존할 수 있다는 것을 알게 된다. 청중의 참여 — 예를 들어, 호명과 응답 — 는 공유 지식을 산출하는 데 기여한다. 각 개인은 다른 사람의 제스처나 발언으로부터 그들이 주의를 집중하고 있다는 것을 알게 된다. 탐바이아는 춤이 "수많은 사람들로 하여금 같은 행위에 참여해서, 일체가 되어 움직이게 한다"는 래드클리프-브라운의 해석을 인용한다(Tambiah 1985, 123). "신체적 움직임은 일종의 언어이고, 그런 상징적 신호는 한 사람에서 다른 사람에게로 다양한 움직임을 통해 전달된다"고 할지라도(Bloch 1974, 72), 우리의 해석은 보다 단순하다. "일체로서의" 군무群舞는 공유 지식을 산출하는 이상적인 방법이다. 만일 누군가가 흥미를 잃는다면, 움직임의 패턴이 무너지므로 즉각적으로 모든 사람들이 그 사실을 알게 되기 때문이다.

내부로 향하는 원

앞서 버스의 사례에서 언급되었다시피, 눈 맞춤은 공유 지식을 만드는 한 방법이다. 더 큰 규모의 집단에서 모두가 원으로 둘러서서 마주 보는 것은 눈 맞춤과 같은 기능을 한다. 각자는 다른 사람들이 주의를 집중하

그림 1. 뉴멕시코, 차코 캐니언, 체트로 케틀의 키바

고 있다는 것을 알게 되기 때문이다. 이것이 아마도 '내부로 향하는 원'이 조정을 수월하게 만드는 이유일 것이다.

　'키바'는 현재 미국 남서부 지역에서 발견되는 선사시대의 일반적인 건축구조이다. 반半지하 형태로 지어진 키바는 보통 원형이며, 사람들은 서로 둘러앉게 되어 있다. 어떤 키바는 벽을 따라 돌 벤치가 놓여 있다 (〈그림 1〉). 예를 들어 뉴멕시코의 차코 캐니언Chaco Canyon에 있는 푸에블로

그림 2. 텍사스의 포트워스 시청

보니토Pueblo Bonito의 '대★ 키바'는 벽 사이사이에 구슬을 넣어 둘 수 있는 틈을 만들어서, 인상적인 형태를 취하고 있다. 많은 어려움에도 큰 공을 들여 이런 구조물을 만들었다는 사실은 그만큼 이런 구조가 중요하다는 점을 방증한다. "어떤 의미에서 대★ 키바는 공식적 기념물로 볼 수 있다"(Lekson 1984, 52; Lipe and Hegmon 1989도 참조). 대부분의 전문가들은 키바(특히 대키바의 경우)가 마을의 공식 행사가 이뤄지는 의례적 구조물이라고 해석한다. 그것은 조정 문제를 해결해 줌으로써 각 가구와 가족 구성원을 아울러 마을 전체를 통합해 주었을 것이다.

미국과 캐나다의 시청市廳에 대한 연구를 통해 찰스 굿셀은 일직선 열로 배치된 좌석보다 곡선 모양의 좌석이 보다 친근감을 조성한다는 점을 발견했다. "그것은 좌중이 하나로 묶여 있다는 느낌을 갖게 한다"(Goodsell 1988, 158). 포트워스Fort Worth 시청은 안을 향해 여러 원들이 동심원 모양으로 배치되어 있다(〈그림 2〉). 건축가 에드워드 더렐 스톤Edward Durrell Stone 은 "위원회 회의가 타운홀 미팅처럼 개최되어, 서로가 감정과 반응을 관찰할 수 있기를 바랐다"고 말한다(Goodsell 1988, 166). 원형의 좌석 배치에 대해서, 굿셀이 주고받는 내용과 의미의 해석에 주목한 반면, 스톤은 공유 지식, 즉 사람들이 서로 마주볼 수 있다는 점을 강조한다.

모나 오주프는 프랑스혁명 페스티벌에서 원형 모양을 가장 이상적으로 여겼다는 사실을 발견했다(〈그림 3〉). "원형극장에 대한 강박에 가까운 집착이 있었다. 관중들이 정서를 동등하게 공유하고, 서로를 분명하게 바라볼 수 있었기 때문이다." 또 다른 이유는 기획자가 페스티벌의 경계를 흐릿하게 만들어서, 모든 이들이 동참하고 있다는 느낌을 갖도록 만들고 싶었기 때문이다. 원형은 가장 바깥쪽으로 관중들에 둘러싸여 있고, 사람이 더 모이면 유기적으로 더 넓은 원이 된다. 결국에는 "원형이 국민적 합일의 상징이 된다"(Ozouf [1976]1988, 130-131).

위의 언급에서 마지막 이유는 다시금 원형의 상징적 의미인 (페스티벌의) 내용과 관련되어 있다. 반면, 앞서의 이유는 사람들이 서로 볼 수 있게 한다는 공유 지식을 전제하고 있다. 오주프가 모아 놓은 당대인들의 언급을 종합해 보면, 이런 구분이 잘 드러난다. 무이예파린 2세Mouillefarine

fils는 "원형은 영원히 간직되어야 할 사실을 좀 더 상징적으로 만들고, 통일성과 일치감을 굳건하게 만들어 순다"고 말한다. 샤를 드 베이Charles De Wailly는 "연단 주변에 모인 관중은 장관을 이루고, 다른 모든 사람들의 눈에 들어오게 되어 쾌감을 공유하게 된다"고 말한다(Ozouf [1976]1988, 308, 131). 이런 원형은 상징일까, 의사소통 기제일까?

오주프는 단도직입적으로 대답하길, "교회를 '이성의 사원'temples décadaires으로 개조한 데 있어 가장 중요한 것은, 영원한 성부Eternal Father를 세속의 성부Father Time로 바꾸거나 …… 성 세실리아Saint Cecelia를 평등의 여신으로 바꾼 데 있지 않다. …… 그와 같은 개조에서 핵심은 사라진 부속 예배당, 십자형 교회의 건물에서 잘려 나간 날개 부분, 그리고 깃발, 벽걸이, 나뭇잎 장식을 이용해 개조된 교회 내부에서 찾을 수 있다. 그런 광경은 한눈에 들어온다"(Ozouf [1976]1988, 136). 그것은 단지 상징의 교체가 아니라 의례적 공간의 물질성을 바꾸는 것으로 이를 통해 당신이 상대를 볼 때에만 상대가 당신을 볼 수 있도록 바뀐 공간은 공유 지식 산출에 용이하다.

〈워터프론트〉

아마도 내부로 향하는 원이 연대성을 상징하는 한 가지 이유는, 그것이 공유 지식을 산출하기 때문일 것이다. 의례에서 쓰이는 검劍이 실제의 무기와 닮았기에 권력을 상징하는 것과 마찬가지이다. 이 장에서 나는 내부로 향하는 원이 영화 〈워터프론트〉에서 사용된 방식을 보여 주려 한다. 이 영화는 1954년에 엘리아 카잔Elia Kazan이 감독했고, 버드 슐버그Budd Schulberg가 각본을 썼다. 서로 이질적이었던 항만 노동자들이 점차 결속해 부패한 노조 '관료' 갱단에 대항해 투쟁하는 내용이다. 부패한 갱단의 일체감은 그들이 원형으로 모여 있는 장면으로 부각된다(〈그림 4〉).

항만 노동자들의 수동성과 무기력함 역시 공간적으로 부각된다. 그들은 야외에 흩어져 있고, 그들만의 공간이 없다. 그 동네의 배리 신부Father Barry가 교회 지하실에서 회합을 열려고 하자, 노동자들은 좌석 여기저기 흩어져 앉아 눈을 맞추지 못하고 입을 꾹 닫고 있다. 그 모임은 이내 갱단에 의해 해산된다. 노동자들이 달아나자, 배리 신부는 케이오 듀건Kayo Dugan에게 노조 부패를 조사하는 위원회에서 증언하도록 설득한다(그전에 조이 도일Joey Doyle은 증언을 했다는 이유로 살해되었다). 그 노동자가 의미심장하게 눈을 맞추는 순간, 배리 신부는 약속한다. "당신이 일어서면, 나도 따라 일어설 것이다." 하지만 듀건은 위스키 상자를 배의 선반에 싣는 와중에 '우연히' 떨어진 상자 더미에 깔려 죽음을 맞는다. 배리 신부의 추도사

그림 4. 봉급날(〈워터프론트〉 중에서)

그림 5. 올라가고 있는 화물 운반대(〈워터프론트〉 중에서)

는 노동자들이 스스로 일어나도록 촉구하는 내용이었고, 이것이 영화에
서는 전환점이 된다. 듀건의 시신이 배 선반의 화물 운반대에 놓이는 장
면에서 노동자들에 대한 묘사는 전형적이다. 혼란스럽고, 지저분하며, 상
자와 깨진 유리들이 온 사방에 흩어져 있고, 사람들은 저마다 다른 방향

을 바라보고 있다(〈그림 5〉).

그러나 함께 치른 장례는 노동자 대중으로서 무엇인가를 경험한 첫 번째 사건이었음이 분명해진다. 노동자들이 무엇인가에 대한 공유 지식을 갖게 된 첫 번째 경험인 것이다. 듀건의 시신을 운구하는 배리 신부와 팝 도일Pop Doyle*은 크레인을 타고 위로 올라간다. 그것은 관중들이 동심원을 형성한 그리스 시대 원형극장 형태와 흡사해 보인다(〈그림 6〉).

이 영화가 던지는 메시지 중 하나는 옛 동료에 대한 '밀고'ratting가 영웅적일 수 있다는 것이어서, 카잔이 미 의회의 반미행위조사위원회에 출석 요구를 받았던 사건과 관련되어 있다(Biskind 1975 참조).** 하지만 공개적 의사소통과 사적인 의사소통, 그리고 그것의 강력함과 취약함은 이 영화에서 단지 '숨겨진 문맥'subtext이 아니라 반복되는 주제이다. 영화 전편에 걸쳐 뱃고동 소리와 기적 소리가 끊임없이 울리며 구두점과 같은 역할을 하는데, 이는 고용주들이 권력, 즉 공개적으로 의사소통할 수 있는 능력을 지니고 있음을 상기시킨다. [반면] 테리가 조이의 여동생인 에디 도일 Edie Doyle에게 고의는 아니지만 자신이 조이의 죽음에 연루되어 있다고 고백할 때, 듣고 있던 에디는 처음엔 자신의 귀를 가리고 나중에는 눈을,

---

* 앞서 위원회에 증언했다가 죽임을 당한 조이 도일의 아버지이다. 〈그림 6〉에서 배리 신부 옆에 모자를 쓰고 앉아 있는 사람이다.
** 엘리아 카잔은 1950년대 미국에서 매카시즘 광풍이 불었을 당시 반미행위조사위원회에 소환되었고, 자신이 공산주의 활동을 했다는 사실을 시인했다. 더 나아가, 함께 활동한 동료들의 명단을 제출하고, 여러 매체에 반공주의를 지지하는 글을 싣기도 했다. 이 영화에서도 물론 브란도가 연기한 주인공 테리는 갱단의 악행을 조사위원회에 출석해서 고발하고, 그로 인해 고초를 겪지만, 결국에는 노동자를 규합해서 갱단을 무너뜨리게 된다.

그림 6. 원형극장으로서의 배 선반〈워터프론트〉중에서)

마지막으로 입을 가린다. [사실의 공개를 두려워하는 것이다.] 〈워터프론트〉이

후에도 카잔과 슐버그는 1957년 〈군중 속의 얼굴〉 *A Face in the Crowd* ─ 아

칸소 주의 떠돌이 술주정뱅이가 어느 기자에 의해 발탁되어 라디오와 텔

레비전 쇼를 진행하다 나중에는 전국적인 선동꾼이 되는 이야기다 ─ 을

통해 공지성에 대한 자신들의 탐구를 이어갔다.

광고를 믿어라

광고의 사회적 중요성에 대한 인식은 존재하지만, 그것이 정확히 어떻게 작동하는지는 전혀 명확하지가 않다. 데이비드 스튜어트는 "지난 90년 이상 광고 연구가 진행되었지만, 어떤 광고가 효과적인지에 대한 뚜렷한 해답이 없다는 점은 신기하고도 창피한 사실"이라고 지적했다. "어떤 조건에서 광고가 효과를 낳는지, 그리고 그 효과의 구체적 양태는 어떠한지 분명히 해명되지 않았다"는 것이다(Stewart 1992, 4). 마이클 슈드슨도 이렇게 말했다. "사람들은 대중매체가 엄청나게 강력하다고 믿고 있지만, 정작 매체의 영향력을 측정하는 데에는 어려움을 겪고 있다. 어느 전문가가 말하기를 '우리는 정말 많은 것에 무지한 상태이다. 우리가 [영향력을 발휘하는 메커니즘에 대해] 좀 더 알게 된다면 우리는 위험한 존재가 될지 모른다'"(Schudson 1995, 22). 나는 공유 지식 산출이라는 측면에서 볼 경우 광고에 대한 이해가 부분적으로 가능하다고 생각한다.

특정 상품을 구매하는 것은 다양한 측면에서 조정 문제라 할 수 있다. 기술적인 측면에서 '네트워크 외부성'network externalities*(Katz and Shapiro 1994)

---

* 어떤 제품의 소비자가 많아질수록 해당 상품의 가치가 높아지는 현상을 말한다. 정보 통신 분

에 해당한다. 어떤 사람이 매킨토시 컴퓨터, 팩스 기기, DVD 플레이어를 살 가능성은 다른 사람도 같은 물품을 살 때에 올라간다. 구매로 인한 효용은 같은 물품의 구매자가 늘어날수록 높아지기 때문이다. "당신이 오피스 디포Office Depot[사무용품 전문업체-옮긴이]에 가서 팩스 기기를 구입할 때, 그것은 단지 2백 달러짜리 기계를 사는 게 아니다. 다른 모든 팩스 기기 간의 네트워크를 사는 것이다"(Kelly 1997). 사회적인 측면도 중요하다. 나는 단지 친구나 직장 동료와 이야기를 나누기 위해 영화 〈타이타닉〉을 보려고 할 수도 있다. '밀러라이트' 맥주가 인기 있다면 나는 그것을 사려고 할 가능성이 커진다. 친구라도 찾아오면 그가 좋아할 만한 맥주를 제공할 수 있기 때문이다. 조정 문제는 새로 출시된 제품에 대해서도 적용될 수 있다. 새로운 유행에 동참하는 재미가 쏠쏠하기 때문이다. 다른 사람들도 그 신제품을 산다면, 자신이 구매한 데 대해서 적어도 바보짓이라고 생각하지는 않게 된다. "상품으로부터 발생하는 행복은 많은 사람들이 그것을 소비하고자 할 때 커진다. 사람은 대중적인 것으로부터 소외되길 원치 않기 때문이다"(Becker 1991, 1110).

몇몇 논자들은 대중매체가 메시지를 수신자에게 전달하는 데 그치지 않고, 개별 수신자들이 다른 수신자들에 대해서도 인지하도록 만드는 데 주목한다. 제임스 웹스터와 패트리샤 팔렌은 "매스컴용 이벤트를 보고 있는 사람은 수많은 시청자가 보고 있다는 사실을 알기 마련이다. 그런

야에서 많이 나타나는 현상으로, 가령 특정 소프트웨어가 많이 팔릴수록 그 제품의 사용자는 편의성이 높아지고 효용도 커진다.

지각은 매체 소구력의 일부이고, 일반적으로 매체는 전 세계 시청자 수 추계치를 보도하려고 안달한다"고 말했다(Webster and Phalen 1997, 120). 다이애나 머츠는 사람들이 타인의 의견에 대해 갖게 되는 의견이 있는데, 대중매체가 이런 의견에 어떻게 영향을 미치는가를 탐구했다(Mutz 1998; 데이비드슨의 "제3자 효과"에 관한 연구 Davidson 1983도 참조). 나오미 울프는 "여자에겐 질시나 예단을 피하면서도 수다를 떨고 싶은 욕망이 숨겨져 있는데, 여성지는 이런 욕망을 끌어낸다"는 사실을 발견했다. "다른 여자들이 실제로 생각하고 느끼며 경험한 것들, …… 이런 방식으로 모두가 전 세계 여성의 문화에 동참할 수 있다"(Wolf 1991, 74, 76). 대중매체가 공유 지식을 어떻게 만드는지 이해하려면, 가장 간절하게 공유 지식이 필요한 제품('조정 문제'를 수반하는 상품)에 대한 광고를 들여다봐야 한다.

엄청난 성공을 거둔 구강 청결제 '리스테린'의 '구취'halitosis [제거] 홍보는 1920년대에 현대 광고의 초석을 놓은 사례로 평가된다. 리스테린은 처음에 외과용 소독제로 팔리다가, 나중에 청결제로 새롭게 홍보되었다. '구취'는 이전에는 입 냄새를 일컫는 생소한 의학 용어였지만, 램버트 제약에 의해 "그다지 민폐가 되지 않는 입 냄새"를 가리키는 말이 되었다(Lambert 1956, 98). 광고 효과는 엄청났다. 절정에 달했을 때는 한 달에 1억 1천만 명에 달하는 잡지 및 신문 구독자들이 이 광고에 노출됐고(Vinikas 1992, 33), 매출은 7년간 40배가 늘었다(Marchand 1985, 18). 이런 성공을 "당대의 위생 열풍"으로 설명하는 것은 너무 쉬운 일이다(Sivulka 1998, 158). 하지만 그것은 원인이라기보다는 결과에 가깝다. 그 선전은 "아침에 입을 헹구는 것을 세수나 면도만큼 중요한 일로 만들었다"(Lennen 1926, 25). 또한 그것은 '이야기식 광고'를 채용한 첫 사례이기도 하다. 예를 들어 쓸쓸해 보이는 한 여인이 자신의 입 냄새를 알아차리지 못하고 있는데, 그로 인해 그녀는 이따금 신부 들러리는 되지만, 정작 신부는 결코 될 수 없는 것이다. 하지만 선전의 성공은 광고 회사와 소비자 간의 효과적인 소통의 결과만은 아니다. 소비자들 간에 암묵적일지라도 소통을 통해서 공유 지식을 형성했기 때문이다.

'구취'라는 표현은 격식을 차린 말이자, 의학 용어이기도 하다. 광고 카피에서는 '구취'를 "불쾌감을 유발하는 호흡이라는 뜻의 의학 용어"로 취급했다. 이는 구취를 지저분한 개인의 문제로 폄하하지 않고, 사람들 사이에서 흔히 나타나는 질환으로 여기게 만들었다. 보다 최근 들어 만성 피로 증후군에 시달리는 사람들이 이 상태를 '진짜' 질병으로 간주해 주기를 바라는 것과 마찬가지이다. 또한 같은 맥락에서 폭식자 모임Overeaters Anonymous의 한 회원은 "그것을 '불가항력적 폭식'compulsive overeating이라고 부르는 것이 도움이 된다"는 점을 인정한다. "왜냐하면 그것은 내가 혼자가 아니며, 이것은 다른 사람들도 마찬가지로 갖고 있는 문제라는 점을 상기시켜 주기 때문이다"(Chapkis 1986, 25). 리스테린을 구강 청결제로 사용한다는 것은 어떤 개인이 혼자서 스스로 시도해 볼 만한 그런 성질의 일이 아니었다. "20세기 초반 무렵에는 당신이 그 물질로 입을 헹궜다면, 이상한 사람으로 취급당했을 것이다. 그것은 수술실에서나 사용되는 물질이었다"(Twitchell 1996, 144). 사람들은 다른 사람들도 리스테린을 사용한다는 사실을 알게 될 경우 그것을 써보고 싶다는 마음이 더욱더 생기게 된다. 따라서 광고는 각각의 잠재적 소비자로 하여금 같은 고통을 겪고 있는 하위 집단이 존재하고, 그들도 똑같은 해결책을 시도할 것이라고 생각하게 만들기 위해 노력했다.

캠페인의 엄청난 규모만 보더라도 사람들은 다른 사람들도 그 광고를 보고 있을 것이라고 추정할 수 있었다. 하지만 이외에도 광고 내용 역시 끊임없이 공유 지식(의 부족) 문제에 초점을 맞추고 있다. 구취를 가진 사람은 다른 사람들이 자신의 입 냄새에 대해 알고 있는지를 몰랐다. 이에 대한 광고 문구는 다음과 같았다. "만일 친구들이 당신에 대해 노골적으로 솔직해진다면"(〈그림 7〉), "그들은 입 냄새에 대해 당신 등 뒤에서 수군거릴 것이다", "용감하게 당신의 가장 가까운 친구에게 물어보라!", "그는 알면서도 모른다는 듯이 행세할 것이다"(*Literary Digest*, 1921/11/21, 45; 1921/12/17, 54; 1922/02/11, 59; 1922/12/09, 58; Marchand 1985, 18도 참조). 상류사회의 고상한 친구들이라면 내놓고 그런 말을 하지 못할 것이기 때문에, 자신의 위생 상태가 사회적 표준에 부합하는지 확신할 수 있는 유일한 길은 광고를 통한 암시적인 방법뿐이다. 불완전 메타지식이라는 전제가 성립하고 나면, 이런 광고는 "적절한 소통과 조언의 공백을 메우는 역할을 하게 된다"(Marchand 1985, 22). 1920년대에 코텍스Kotex(1회용 생리대) 광고도 같은 문제에 봉착했다. 쉽사리 말을 꺼낼 수 있는 물품이 아니었던 것이다(여성들이 생리대를 달라고 말하기 곤란해 했기 때문에, 평범한 갈색 봉지에 담긴 생리대는 계산대 옆에 비치되었고, 여성들은 그 봉지를 슬쩍 쉬어 들고 아무 일도 없다는 듯이 값을 치르고 나갈 수 있었다[Sivulka 1998, 163]). 그러므로 여성들은 "10명 중 8명의 상류층 여성들이 선택한" 코텍스라는 광고를 보고 확신을 가질 수 있었다(Marchand 1985, 23).

구취 캠페인이 보다 우아하고, 미디어의 지배력이 낮았던 시대의 산물이라고만 간주할 수는 없다. 〈그림 8〉은 클리블랜드 제이콥스 필드 구장의 야구팬들이, 익명을 보장하는 HIV 검사에 대해 광고하는 비행선을

그림 7. "만일 친구들이 당신에 대해 노골적으로 솔직해진다면," 『리터러리 다이제스트』 *Literary Digest* (1921/11/21).

올려다보는 장면이다. 분명히 여기서 역설적인 것은 에이즈와 같이 민감한 사안을, 화창한 날의 야구장에서 공개적으로, 마치 축제를 벌이듯 광고하고 있다는 사실이다. 에이즈는 우리 시대의 질병이지만, 여기서의 전술은 구취 제거의 사례와 똑같다. HIV 검사가 매우 일반적인 것이라면 나는 그것을 받을 용의가 있을 것이다. 하지만 일상적인 대화 상황에서는 그것이 일반적인지 알기 어렵다. 반면 야구장에서 비행선을 올려다본다면, 모든 사람이 그것을 보고 있다는 사실은 자명해질 것이다.

많은 연구들은 광고가 '수요를 창출한다'고 주장해 왔다. 예를 들어 1900년대 초반 "미국 중산층에게 화장품을 바르는 것은 매우 부적절한 것으로 받아들여졌다"(Vinikas 1992, 57). 하지만 아마도 그것은 개개인의 고립된 욕구를 창출하는 문제라기보다는, 공동체의 표준에 순응하고자 하는 기본적인 욕구의 문제, 즉 언제 어디서나 존재하는 조정 문제이다. 따라서 전국적인 잡지 광고와 같은 공유 지식을 생성하는 메커니즘은, 친구들 간의 대화와 같은 기존의 공유 지식 메커니즘이 가장 취약한 부분(즉, 개인위생이나 용모와 같은 "예민하고" "금기시되는" 부분)에서 가장 잘 작동할 수 있다. 그러므로 현대 광고의 외부 효과에 맞서 싸우는 사람들은 "금기를 깨고" 서로 간의 사유로운 대화를 통해 내부적으로 공유 지식을 만듦으로써 광고의 효과를 줄이려 한다. 예를 들어, 자신의 몸과 외모, 자아상에 대해 공개적으로 말하는 25명의 여성들의 이야기만을 담고 있는 책이라 하더라도, 정치적 동원의 견지에서 다음과 같이 이해될 수 있다. 즉, "아름다움의 비밀을 공유하고 나서야, 우리를 진정으로 강력하게 만들어 주는 결론이 도출될 수 있다"(Chapkis 1986, 3).

특정한 상품은 어떤 의미에서는 그 상품의 속성상 스스로의 수요를 창

그림 8. "실화: 시대의 징표", 오하이오 주 클리블랜드, 제이콤스 필드, 더프 작, 1996년

출한다. 예를 들어, 사람들 사이에 오락을 즐기고자 하는 일반적인 수요가 존재한다 하더라도 특정 영화에 대한 수요는 그것이 개봉되기 전까지는 존재하지 않는다. 만약 다른 사람들의 입길에 오르내리는 것이 무엇인지 알고 싶다는 이유에서 대중성 높은 작품을 보고 싶다면, 영화를 보는 것은 조정 문제가 된다. 예를 들어, "영화 〈인디펜던스데이〉 *Independence Day* 는 엄청난 메타 현상이다. 그것은 관객들이 엄청난 흥분의 도가니에 동참했다는 사실에 자부심을 갖게 되는 하나의 의사疑似 사건pseudo-events●이다"(Wolcott 1996). 연극·영화 분야에서 최초의 홍보 전문가publicist 중 한 사람이었던 해리 라이헨바흐는 원래 서커스 쪽 일을 하다가, 나중에 더글러스 페어뱅크스나 루돌프 발렌티노 같은 스타를 육성했다. 라이헨바흐는 공유 지식의 거장이었다. 자신의 고객이었던 폴리s. Z. Poli 씨는 브리지포트 극장을 소유하고 있었는데, 이 극장의 독점 체제가 경쟁사인 리릭 극장에 의해 위협받자, 라이헨바흐는 중상모략을 시작했다. 리릭 극장이 늪지대에 지어져 불안하다는 소문을 퍼뜨린 것이다. 물론 이런 의심을 공개적으로 표명했다면, 그것은 공개적으로 논박당했을 것이다. 다음으로 라이헨바흐는 리릭이 두 편의 연극 〈이혼〉 *Divorçons*과 〈남부 하늘 아래〉 *Under Southern Skies* 를 준비 중이라는 소식을 접하고, 지역신문에 8단 광고를 실었다. "브리지포트가 그간 〈이혼〉과 〈남부 하늘 아래서〉를 너무 오래 너무 자주 상연해서 이미 시민들 절반 이상이 내용을 압니다. 그로 인해 폴리 씨는 이번 시즌에는 더 이상 상연하지 않으려고 하는데, 여전히 두 편을 재상연

● 매체에 알려지기 위해 준비된 행사나 이벤트. 특정한 이미지를 얻기 위해 인위적으로 연출된다.

해 달라는 극소수의 분들에게 감사를 표합니다"라는 내용이었다 (Reichenbach 1931, 130). 물론, 아무도 이전에 두 연극을 본 일이 없지만, 이런 광고는 모든 사람들로 하여금 다른 모든 사람들이 그 연극을 관람한 것으로 여기게 만들었다. 칼 샌드버그가 (자신의 시에서) 달을 광고판의 이미지로 사용했지만("아빠, 달은 무엇을 광고하는 거죠?")(Sandburg 1936, 8) 그보다 5년 전에 이미 라이헨바흐는 클라라 킴벌 영Clara Kimball Young이 출연한 영화 개봉을 위해 맨해튼 하늘을 초록색으로 물들였다(Reichenbach 1931, 164).*

1970년대부터 할리우드에서는 개봉과 동시에 엄청난 관객을 유치하고자 하는 '상업 기획' 영화high concept film**가 점점 지배하게 되었다(Wyatt 1994). 예전에는 신작 영화들이 뉴욕 시에서 개봉하고 점차 전국으로 상영관을 확대하는 것이 상례였다. 하지만 1970년대 들어 변화가 일어났다. 영화 〈빌리 잭〉 Billy Jack이 전통적인 배급 방식으로 개봉했다가 쓴맛을 본 뒤, 1973년 5월에 남부 캘리포니아에서 재개봉했다. "전례 없이 25만

---

* 미국의 문필가 샌드버그는 그의 연작시 〈민중이여, 그렇다〉 (The People, Yes)에서 달을 보고도 광고로 인식하는 아이를 통해 미국의 세태를 풍자했다. 이보다 앞서 라이헨바흐는 1920년, 영화 〈금지된 여자〉의 홍보를 위해 영화에 대한 정보는 비밀에 붙인 채 일간지에 다음과 같은 광고를 내서 사람들의 호기심을 자극했다. "2월 21일 하늘을 보십시오. 하늘이 초록색이면 카피톨 극장으로, 빨간색이면 리볼리 극장으로, 파란색이면 리알토 극장으로 오세요. 그날 밤 하늘을 보면 최고의 영화가 어느 극장에서 상영되는지 알 수 있습니다." 그리고 그는 개봉일 밤에 높은 건물에서 초록 불빛을 쏘아 흥행에 성공했다.

** 주로 미국 영화 산업에서 쓰는 용어로 영화의 주제, 스타, 마케팅 가능성을 결합해 막대한 수익을 올릴 수 있도록 기획된 영화를 말한다. 배급사는 시의성 있는 주제 선택과 스타 마케팅을 통해 영화를 기획하고 비디오와 DVD 판매 및 대여, 텔레비전 방송 및 부수적인 시장까지 관리해서 엄청난 수익을 올리고자 한다. 〈타이타닉〉, 〈쥬라기 공원〉 같은 할리우드 블록버스터급 영화들이 대부분이 이에 속한다.

달러를 들여 일주일 내내 광고를 내보냈는데, 그 효과는 경이로웠다. 개봉 첫 주에만 총 102만9천 달러의 수익을 올렸는데, 이는 남부 캘리포니아 영화사상 유례가 없는 일이었다"(Wyatt 1994, 110-111). 그 뒤로 "포-월링"four-walling●이라 불린 이 마케팅 기법은 널리 확산되었다. 이제는 영화 광고에 전국 개봉 일자를 넣어서, 관객들이 개봉 당일에 극장으로 오기를 기대하는 것이 일반적이다(De Vany and Walls 1999의 반론도 참고할 것).

이런 방식은 영화 산업에 국한되지 않았다. 매킨토시의 "1984" 광고는 영화 〈스타워즈〉의 마케팅으로부터 영감을 얻은 것이었다(Johnson 1994). 이제 거대한 마케팅은 '시너지 효과'를 적극 활용한다. 초기 사례를 들자면, 1976년 영화 〈킹콩〉의 시사회는 "킹콩 기념 짐빔 양주, 킹콩 운동복, 세븐 일레븐 킹콩 컵, 킹콩 땅콩 잼, GAF 사의 킹콩 만화경" 등을 선보이는 자리이기도 했다(Wyatt 1994, 150). 농구 선수 샤킬 오닐Shaquille O'Neal도 이런 방식을 잘 활용한 경우이다. 그는 리복, 스팔딩[스포츠 구기용품 전문 업체], 펩시 등의 상품 홍보나 비디오게임, 책, 랩 음악, 영화 출연 등에 걸쳐 일관된 이미지를 유지했고, 그의 트레이드마크가 된 '샤크'Shaq라는 이름과 로고를 똑같이 사용했다. 반면, 한 세대 앞의 마이클 조던Michael Jordan은 상품 홍보에서 매번 다른 이미지를 만들었다(Lane 1993).

최근 들어 라이헨바흐의 상술은 컴퓨터 산업에서 재현되고 있다.

● 배급업자가 상영주에게 일정한 액수의 영화관 대여비만을 지불하고 그 외 신문이나 텔레비전을 통한 작품선전비나 입장료 책정 등의 흥행적 요소 일체를 책임지는 방식이다. 따라서 일반적인 계약 방식의 경우와는 달리 흥행에 성공하더라도 상영주는 배당을 받지 않으며 반대로 흥행에 실패해도 상영주는 경제적 타격을 받지 않게 된다. 미국에서 1970년대에 유행하던 상영 방식으로 개봉과 재개봉 모두에서 높은 수익을 올릴 수 있는 장점이 있다.

1995년 8월 24일, 마이크로소프트는 '윈도우 95' 운영체제를 소개하기 위해 엠파이어스테이트 빌딩을 [마이크로소프트 로고를 구성하는] 빨강, 파랑, 오렌지, 초록 빛깔로 밝혔다. 광고비로만 10억 달러를 들여 세계 전역에 유례가 없는 마케팅을 벌였다(Auerbach and Crosariol 1995). 마이크로소프트는 영국『타임』*Times* 지의 하루치 신문 전부를 사들여 광고 전단까지 끼워서 공짜로 나눠 주었고, 캐나다 토론토에 있는 세계 최고最高의 구조물인 CN 타워에 6백 피트[약 183미터] 길이의 '윈도우 95' 배너를 걸었다. 호주 시드니 항에는 4층 높이의 '윈도우 95' 가건물을 정박시켰고, 필리핀 대통령 피델 라모스에게 첫 번째 등록 제품을 직접 전달하기도 했다. 이런 대대적인 광고는 꼭 필요했다. 한 평론가가 지적했듯이, "(윈도우 95로) 업그레이드하는 사람이 소수에 그친다면, 그것은 자기 충족적 예언에 불과하기 때문이다"(Helm 1995). 다시 말해, 사람들은 다른 사람들도 업그레이드할 것이라고 생각할 때에야 자신도 그렇게 할 것이다. 업그레이드는 조정 문제이다. 마이크로소프트 회장 빌 게이츠에 따르면, "타성을 극복하기 위해서는 흥미를 유발해야만 한다"(Helm 1995). 컴퓨터 운영체제와 같은 조정 문제를 가진 상품에서는 흥미 이상의 것을 필요로 하는데, 그것이 바로 공유 지식이다.

미국에서 공유 지식을 산출하는 최고의 기제는 공중파 텔레비전에서 가장 많은 시청자가 보는 슈퍼볼 경기이다. 1984년 매킨토시 광고 이후로, 슈퍼볼 경기는 신상품을 소개하기에 더없이 좋은 공간으로 자리 잡았다. 디스커버Discover 카드는 1986년 슈퍼볼 경기에서 6번 이상의 광고를 내보냈고(Horovitz 1987), 크라이슬러의 신차 네온Neon이나, 나이키, 리복 등의 운동화, 그리고 (덜 성공적이었지만) 크리스털 펩시와 같은 제품들이 슈퍼볼 경기를 통해 공개되었다(Lev 1991; Johnson 1994). 디스커버 카드는 '네트워크 외부성'의 훌륭한 사례이다. 소비자들은 많은 가게에서 이 카드를 받아 줄 때에만 사용하고자 하고, 반대로 가게들은 많은 고객들이 이 카드를 통해 지불하고자 할 때에만 이 카드를 취급하게 될 것이다. 사람들은 다른 많은 사람들이 신형 차를 구입할 것으로 예상될 때 자신도 사고자 할 공산이 크다. 예를 들어, 잘 팔리지 않는 차라면 서비스 받기가 어렵거나 비싸질 것이기 때문이다. 자동차, 의류, 신발, 맥주, 음료와 같은 상품을 구매하는 것은 상당 부분 공개적인 소비 행위이다. 이 경우, 사람들이 대중적인 선호에 동참하고 있다는 것을 보여 주고 싶다면 조정 문제가 되는 것이다.

슈퍼볼 광고에 나온 제품들을 보면(〈표 1〉, *USA Today*로부터 전재), 우리는 자동차, 맥주, 음료, 영화, 의류, 신발과 같은 '사회적' 품목이 지배적이라는 사실을 알 수 있다. 이런 제품들은 건전지, 자동차 연료, 아침 식사용 시리얼 등의 '비사회적' 품목과 대조를 이루며, 조정 문제의 견지에서 이해될 수 있다. 맥주, 자동차, 면도기 등이 지배적인 광고 항목이라는 사실은 (슈퍼볼의) 남성 중심의 인구통계학적 편향성을 드러낸다. 반면, 다이어트 펩시와 같은 대부분의 음료 광고, 아메리칸 익스프레스 같은 금융서비스업 광고를 본다면 꼭 남성 중심적이라고 말하기도 어렵다. 또한 눈에 띄는 것은 전통적인 '네트워크 경제'network economy에 속하는 페더럴 익스프레스[페덱스, 배송업체], AT&T[통신회사], 비자(카드)와 같이 인구통계학적으로나 주고객층으로 보더라도 슈퍼볼과 상관이 없어 보이는 제품들도 많다는 점이다.

슈퍼볼 광고에서 최근의 현상은 웹사이트에 대한 광고이다. 1999년 슈

표 1. 1989~2000년, 슈퍼볼 광고 내역

품목	광고 개수	대표 상품
맥주	86	버드와이저, 버드 라이트
음료수	71	펩시, 다이어트 콜라
자동차	70	닷지, 토요타, 닛산
통신기기	49	페덱스, AT&T, 노키아
영화	39	〈인디펜던스 데이〉
의류 및 신발	37	나이키, 리복
금융 서비스	33	비자, 아메리칸 익스프레스
패스트푸드	20	맥도날드
가정용 상비약	20	애드빌, 타이레놀
웹 사이트	20	몬스터 닷컴
과자류	20	도리토스
컴퓨터	13	인텔, 애플 컴퓨터
면도기	10	질레트
자물쇠	8	마스터락
전자 제품	6	파나소닉
식품	6	포크, 호멜 칠리
타이어	6	굳이어, 미쉐린
항공사	4	델타 에어라인
선박 여행 상품	4	노르웨이 크루즈 라인
호텔	3	홀리데이인
소매상	3	시어스, 저스트 포 피트
배터리	2	레이오백
자동차 렌트 업체	2	알라모, 허츠
시리얼	2	제너럴밀스, 켈로그
운동기구	2	솔로플렉스
엔진오일	2	퀘이커 스테이트
공공서비스 기관	2	미국통계국
샴푸	2	셀션 블루
진공청소기	2	더트 데빌
비디오 대여점	2	블록버스터 비디오
건축자재	1	오웬스 코닝
탈취제	1	파베르제 파워 스틱
안경	1	룩소티카
오토바이	1	야마하

퍼볼 때에는 단지 3건의 웹사이트 광고가 있었다. 〈핫잡스 닷컴〉Hotjobs.com
은 연간 수익의 절반을 한 회 광고에 썼고, 〈몬스터 닷컴〉Monster.com도 두
회에 걸쳐 광고를 했다(McGraw 1999). 그러나 2000년 슈퍼볼에서는 13개
웹사이트의 광고가 추가되었다. 〈핫잡스 닷컴〉과 〈몬스터 닷컴〉은 모두
직업 소개 사이트인데, 그들의 성장은 전적으로 조정 문제이다. 구직자들
은 고용주들이 〈몬스터 닷컴〉에서 사람을 구할 거라는 예상하에 그 사이
트를 활용하며, 반대로 고용주들도 구직자들이 이 사이트를 찾는다는 기
대에서 〈몬스터 닷컴〉을 활용하게 된다. 이들의 광고 전략은 공유 지식
과 직결된 것이지, 슈퍼볼의 유명세나 팬들의 인구통계학적 특성과는 관
련이 없다. 마찬가지 의미에서 〈몬스터 닷컴〉은 모니카 르윈스키와 바바
라 월터스의 인터뷰 시간*에도 광고를 내보냈다. 이 프로그램은 슈퍼볼
만큼의 시청률을 기록했다. 광고 전문지인 『애드위크』*Adweek*는 "그것은
별 의미가 없을지도 모른다. 하지만 우리는 지난 수요일 바바라 월터스가
모니카 르윈스키와 가진 인터뷰 시간에 얼마나 많은 인터넷 업체들이 광
고를 사들였는지를 보고 놀라지 않을 수 없다. …… 스캔들의 슈퍼볼이
라 불릴 만하다"(Taylor 1999).

몇몇 슈퍼볼 광고들은 슈퍼볼이 동원하는 엄청난 관중이 충분히 가시
적이지 않다고 판단될 경우 광고 자체에 대규모 관중을 등장시킨다. 버드
와이저 광고 중 하나인 '버드볼'Bud Bowl에서는 1만6천 개의 버드와이저 캔

---

* 1998년 클린턴 대통령과 백악관 인턴 르윈스키의 성추문 사건 이후 이루어진 이 인터뷰는
1999년 3월 3일에 ABC 방송을 통해 송출되었다.

으로 이루어진 관중들이 운집한 '스타디움'에서 버드와이저 맥주 한 병이 다른 종류의 병과 맞서고 있다(Kahn 1989). 롤드 골드 프레첼Rold Gold pretzels 과자 광고에서는 제이슨 알렉산더*가 낙하산을 메고 경기가 진행 중인 경기장에 착륙해서 해설자를 놀라게 하고, 관중들의 엄청난 환호를 받는 장면이 들어 있다("Super TV Ad Jumps into Homes" 1995). 슈퍼볼 경기를 신제품 출시 장소로 활용하는 것은 은유적인 의미도 있다. 슈퍼볼은 매년 "슈퍼 일요일"에 치러진다. 파라마운트 영화사는 UPN 방송국The United Paramount Network에 〈스타트렉: 항해〉 Star Trek: Voyager 시리즈의 시작을 광고하면서 이런 카피를 뽑았다. "슈퍼 일요일 전에, 슈퍼 월요일을 준비하세요! 새로운 방송국의 네트워크와 새로운 우주선이 그 누구도 가보지 못한 곳으로 당신을 안내할 것입니다"(Chicago Reader, 1995/01/13). 이 광고에서 파라마운트 사는 미식축구와 연계를 꾀한 것이 아니라 공유 지식을 형성하려 한 것이다. 사람들이 자신의 친구들도 그 프로그램을 시청할 것이라고 생각한다면 시청률이 높아질 것이기 때문이다.

케이블 TV와 인터넷의 등장으로 공중파 텔레비전은 내리막길을 걷고 있다. "요즘에는 〈사인필드〉 Seinfeld와 같은 초대형 시리즈가 고작 전체 시청자의 3분의 1 정도를 점유할 뿐이다. 이 수치는 1960년대였다면, 〈비벌리 힐스의 아이들〉 The Beverly Hillbillies 같은 히트작 정도에 불과하다"(Rothenberg 1998). 당시는 큼지막하고 가구나 다름없는 모양새였던 텔레비전이 "전자

● 미국의 인기 배우. 주로 코믹한 역할을 많이 맡았고, 〈사인필드〉, 〈프렌즈〉 등의 텔레비전 단막극에도 출연했다.

난로" 노릇을 하던 시절이었다(Tichi 1991). 슈퍼볼과 같은 매스컴이 만들어 낸 이벤트는 텔레비전의 마지막 은신처이다(보다 일반적인 논의는 Dayan and Katz 1992를 참조). 매체들이 점점 다변화되고 있음에도 불구하고, 전국적으로 모두가 같은 시간대에 같은 인기 쇼 프로그램을 시청하는 것은 여전히 집단적인 오락거리로 남아 있다. CBS 사장인 하워드 스프링거는 "경험의 공유야말로 텔레비전의 가치"라고 단언했다(Zoglin 1993). '뉴미디어'의 대변인들도 공유 지식의 중요성에 대해서는 인정한다. 인터넷 덕분에 사람들은 자기가 관심 있는 기사만 스크랩한 자기만의 일간지를 쉽사리 만들어 낼 수 있게 되었다. 하지만 웹마케팅 회사 대표인 데이비드 와인버거는 이렇게 지적한다. "그런 개별 주문 제작 방식에서는 신문이나 여타 인쇄 매체의 주요한 강점, 즉 한 집단에 대한 소속감을 갖도록 유도하는 기능이 누락되어 있다. …… 내가 보고 있는 기사가 그 신문을 읽는 모두에게 똑같이 전달된다는 사실은, 공동체의 일원으로서 우리 모두가 알 것으로 예상되는 내용에 대한 기대의 기준치를 형성한다"(Weinberger 1995).

조지 트로우도 이렇게 말했다. "텔레비전 역사에서 가장 중요한 순간은 〈가정불화〉 *Family Feud*라는 프로그램의 진행자인 리처드 도슨이 출연자들에게 일반인 1백 명을 상대로 실시된 미국 여성 평균 신장에 대한 설문 조사 결과를 맞춰 보라는 질문을 던졌을 때이다"(Trow 1997, 88, 36). 이어서 트로우는 이 장면에 대해 다음과 같이 불만을 털어놓는다. "거기

● 이 프로그램은 두 가족이 나와서 100명을 대상으로 한 설문 조사에서 최다 응답이 무엇인지 알아맞히는 경기로 구성된다.

서 실제reality 같은 것은 코빼기도 보이지 않는다. 사실fact이 무엇인지조차 알 수 없다. …… 나는 이 프로그램 연출자가 어떻게 비난을 면할지 궁금할 지경이다." 하지만 텔레비전의 주된 목표가 사실을 전달하는 데 있을까? 만일 〈가정불화〉가 텔레비전 역사에서 가장 중요한 프로그램이라면, 그 이유는 사람들로 하여금 다른 사람들이 알고 있는 사실을 아는지 여부에 따라 점수를 주었다는 데 있다.

공지성의 가격

텔레비전 광고는 흥미로운 일화를 보여 줄 뿐만 아니라 통계적인 근거도 제공한다. 미국의 3대 공중파 채널(ABC, CBS, NBC)을 통해서 광고를 내보낸 119개 브랜드를 살펴보자. 자료의 대표성을 높이고자 1988년 10월, 1989년 2월, 1989년 7월, 이렇게 3개월 치의 자료를 수집했다(수집된 자료는 저자로부터 구할 수 있음). 해당 브랜드가 어떤 프로그램에 광고를 내보내는지, 그리고 프로그램 시청자의 인구학적 특성과 광고 비용을 확인해 보면, 그 브랜드의 전반적인 광고 전략이 무엇인지 알 수 있다.

여기서 다른 사람들이 많이 살수록 자신도 그것을 사게 될 확률이 높아지는 상품을 '사회적' 상품이라 하자. 즉, 사회적 상품을 구매하는 것은 조정 문제이다. 시청자들이 어떤 것이 인기 프로그램인지 대략 알고 있다고 가정할 경우, 우리는 어떤 경우에 인기 프로그램을 통해 제품을 광고하게 되는지 말할 수 있다. 개별 시청자들은 많은 사람들이 그 광고를 볼 뿐만 아니라, 다른 많은 사람들도 그 광고를 본다는 것을 알게 된다. 그러므로 우리의 주장은 사회적 상품은 인기 프로그램에 광고를 내보낸 다는 것이다. 다음에 제시된 자료를 보면, 사회적 상품은 실제로 보다 인기가 높은 프로그램에 광고를 내보냈고, 이를 위해 사회적 상품의 광고주는 시청자당 더 많은 광고비를 지출했음을 알 수 있다.

모든 공중파 프로그램의 시청자 수('시청률')와 인구통계학적 특성은 닐 슨 미디어 리서치가 추산한 것이다. 닐슨은 (실제 거래가 아니라) 방송사의 보고서에 기반해서 해당 프로그램의 광고비도 산출했다. 실제로 각 프로 그램의 광고비는 보통 "개별 프로그램별"로 매겨지지 않는다. 종종 복잡 한 협상 과정을 거쳐 일괄적으로 사고파는 경우도 있다(Poltrack 1983). 이런 정확한 광고비 자료는 광고주와 방송사만 보유하고 있다(한 번의 예외는 1980년 미국연방통신위원회Federal Communications Commission에 보고된 계약서 자료이다. Fournier and Martin 1983 참조). 브랜드별로 광고를 계약한 프로그램에 대한 정보가 부족하다는 것이 우리 자료의 가장 큰 한계이다. 오로지 닐슨 고 객사의 계약 내용만 입수되었고, 그것도 10월, 2월, 7월에 국한되었다(자료에 대한 상세한 설명은 Webster and Lichty 1991, 222). 119개 브랜드에 대한 이 런 매우 제한된 표본은 무작위 추출이 아니고 대표성도 없다. 다만 우리 가 알고 있는 각각의 브랜드에 대해서는 한 시즌을 집계하기 위해 닐슨이 선택한 세 달 동안의 전체 광고비와 인구통계학적 특성을 통해 텔레비전 광고 전략을 알 수는 있다.

〈표 2〉는 제품 종류에 따라 사회적·비사회적 브랜드를 나눈 것이다. 매우 거칠긴 하지만, '사회적' 브랜드에는 컴퓨터 외에도 가구 단위를 벗어나 사람들과 어울려서 함께 소비하는 품목을 포함시켰다. 우리 표본에

표 2. 상품별 평균 시청자 규모와 1천 가구당 평균 광고비

품목	품목별 브랜드 수	대표적 브랜드	시청자 수 평균 (백만 가구)	1천 가구 당 평균 비용 (달러)
사회적 브랜드				
군대	1	미 육군	5.9	10.1
맥주	13	쿠어스 라이트	7.3	10.5
컴퓨터	2	애플 매킨토시	5.4	9.5
피자	1	도미노 피자	9.5	9.1
와인	1	갈로 와인	7.9	9.1
총계	18		7.1	10.2
비사회적 브랜드				
유아 용품	2	츕스 유아용 물티슈	4.6	4.8
목욕 용품	3	케어리스 미용비누	7.4	7.0
배터리	2	에너자이저	5.3	5.8
표백제·세제	6	클로록스 블리치	5.9	4.6
사진기·현상소	2	캐논 카메라	6.9	10.7
사탕	2	케어프리 껌	6.1	4.2
시리얼	27	켈로그 크리스픽스	6.0	6.3
탈취제	6	애리드 데오드란트	5.6	5.2
식품	12	셰즈 스프레드	5.5	5.0
모발 용품	10	헤드 앤 숄더	5.5	5.0
가정용 세척제	14	라이솔	5.3	3.9
가정용 상비약	10	뉴프린	5.3	5.2
애완동물용 식품	1	밀크 본 비스킷	5.7	4.8
면도기	2	아트라 플러스 면도기	7.8	9.7
치약	1	아쿠아프레쉬	4.3	5.5
목재 도료	1	민왁스	4.5	5.1
총계	101		5.6	5.4

서 사회적 브랜드에는 애플 매킨토시, IBM, 미 육군, 도미노 피자, 갈로 와인Gallo Wines, 13개 맥주 브랜드가 포함되었다. 컴퓨터는 기술적인 호환

성으로 인해 사회적 상품이다. (와인이나 피자와 마찬가지로) 맥주는 나를 찾아오는 손님이 알고 있고 좋아하는 브랜드를 사고자 할 것이라는 점에 착안했다. 자기 혼자 이상한 브랜드의 맥주를 들고 파티에 가고 싶지는 않을 것이며, 누구나 다른 모든 사람과 함께 같은 종류의 맥주를 마시는 집합적 경험에 동참하고 싶어 한다(Pastine and Pastine 1999a, 1999b를 참조). 이런 분류는 꼭 들어맞지 않을 수 있지만, 일반적으로 집 안에서 소비되는 제품들은 사회적 상품일 가능성이 낮다고 말할 수 있다. 다른 집에서 무엇을 쓰는지 확인할 수 없기 때문이다. 게리 베커Gary Becker에 따르면, "어떤 상품에 대한 소비자 수요는 다른 소비자의 수요에 직결되어 있다. …… 음식점에 가는 것이나, 게임이나 운동을 하는 것, 공연장에 기거나, 책에 대해 얘기하는 것 등은 모두 사회적 활동이라 할 수 있다. 그런 제품이나 서비스를 다른 사람들과 함께, 그리고 상당 부분 공개적으로 소비한다는 점에서 그러하다"(Becker 1991, 1110).

〈표 2〉는 각 품목별로 평균 시청 가구 수와 1천 가구당 광고비를 보여 준다. 이 수치들은 다음과 같이 설명할 수 있다. 만일 X 브랜드가 9백만 가구가 시청하는 프로그램에 30초짜리 광고를 내려고 2만5천 달러를 지불하고, 3백만 가구가 시청하는 프로그램에 30초짜리 광고 두 편을 내보내는 데 각각 1만 달러를 지불했다면, 이 브랜드에 대한 평균 시청 가구 수는 5백만이고, 1천 가구당 평균비용은 3달러이다. 왜냐하면 총비용이 4만5천 달러이고, 총 1천5백만 가구가 이 광고에 노출되었기 때문이다(Webster and Lichty 1991, 192 참조). 평균 시청 가구 수는 광고가 나가는 프로그램의 인기를 나타내고, 평균 비용은 그 광고의 1천 가구당 비용이 얼마나 되는지를 보여 준다. 여기서 시청자 수는 가구 기준인데, 자료 수

록 기간 동안 미국에서 9천40만 가구가 시청했다.

우선 특기할 만한 점은 평균 광고비가 비사회적 브랜드에 비해 사회적 브랜드가 일관되게 높았다는 사실이다(면도기, 카메라, 필름 현상액 등은 예외). 다시 말해, 맥주와 피자 광고주들은 건전지나 탈취제의 경우보다 더 많은 광고비를 내고자 했다. 만일 맥주 광고사가 탈취제와 같은 광고 전략을 내세웠다면, 같은 비용으로 대략 두 배 정도의 시청자들에게 노출될 수 있었다. 다음으로 사회적 브랜드의 경우 시청자 수가 더 많았다. 두 가지 예외(비누와 면도기)를 빼면, 비사회적 상품은 시청 가구 수가 7백만 이하였다. 반면 두 가지 예외(군수품과 컴퓨터)를 빼면, 사회적 상품은 7백만 이상의 가구에 노출됐다. 표본 중에서 컴퓨터와 캐논 카메라, 그리고 미국 군대는 소액으로 살 수 있는 품목이 아니므로 제외한다면, 사회적-비사회적 상품 간 차이는 보다 확연해진다.

〈그림 9〉는 전체 119개 브랜드에 대해 평균 시청 가구 수와 1천 가구당 비용 간의 관계를 그래프로 표현한 것이다. 다시금, 첫 번째 주목할 점은 사회적 브랜드가 인기 프로그램에 광고를 내보내는 경향이 높다는 사실이고, 두 번째는 사회적 브랜드가 시청 가구당 광고비가 높다는 것이다.

이런 사실은 우리 주장을 뒷받침하지만, 반론도 가능하다. 우선 제기되는 반론은 인기 프로그램의 시청자들은 [해당 브랜드를 선호할 만한] 보다 우호적인 인구통계학적 특성을 보여 준다는 것이다. 닐슨 보고서는 연령, 성, 종교, 출신지 규모, 도시 거주 여부, 주택 규모, 자녀수, 가구소득, 케이블 텔레비전 시청 여부 등 40개 이상의 인구통계학적 지표를 담고 있다. 우리는 각 프로그램마다 이런 특성이 어떠한지, 그리고 어떤 광고

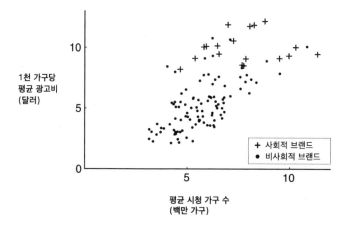

그림 9. 1천 가구당 광고비 대 평균 시청 가구 수

가 나갔는지 알기 때문에, 각각의 광고에 노출된 사람들의 인구통계학적 구성을 말할 수 있다.

두 번째 가능한 설명은 한 달간에 걸친 광고의 누적 효과와 관련되어 있다. '시청자 중복 문제'audience duplication는 중요한 이슈이기도 하다. 각각 5백만 가구에 전파되는 두 광고가 있다고 하면, 거기에 노출되는 시청자들이 겹치므로 둘을 합치더라도 1천만에 못 미치는 가구에만 전파될 수 있다. 그러므로 한 번에 1천 가구가 보는 프로그램에 광고를 할 때는 비용이 더 들게 된다. 다행히도, 우리의 자료에는 한 달간 각 광고에 노출된 빈도인 '4주간 노출도'four-week reach가 포함되어 있다. 이는 한 달 동안 적어도 한 번 그 광고를 접한 가구의 비율(퍼센트)인데, 누적 노출에 대한 척도로 삼을 수 있다.

이런 자료의 경우, 일반적으로 선형 회귀 방법으로 분석하는데, 그 결과는 〈표 3〉과 같다. 여기서 우리는 월별 광고를 살펴보았으므로, 전체 관측치는 357개이다.

종속변수는 1천 가구당 광고비이고, 독립변수를 달리해 여러 모델로 추정한 결과이다. (i)번 모델에서는 독립변수가 전체 시청 가구 수이고, (계절 요인을 교정하기 위해) 각각의 월을 더미 변수로 포함했다. 그 결과 시청 가구 수가 광고비에 미치는 영향을 표시하는 계수값이 0.59로 충분히 큰 값이고 통계적으로도 유의미했다. (ii)번 모델에는 (i)번에다가 인구통계학적 변수와 누적 노출도 변수를 포함했는데, 이 경우 시청 가구 수 변수의 계수값은 0.25로 낮아졌다. 그럼에도 통계적으로나 실질적으로 유의미한 영향력을 보여 준다. 시청 가구 수는 평균이 611만이고 표준편차가 259만이며, 1천 가구당 표준 광고비가 5~6달러이므로, 시청 가구 수를 표준편차 한 단위만큼 늘리면 1천 가구당 비용은 10~15퍼센트만큼 늘어나는 결과를 낳는다. 인구통계학적 변수가 갖는 영향력은 충분히 이해될 수 있다(도시 거주는 상위 25개 대도시 소속임을 나타내고, 준도시 거주는 인구 15만 명 이상의 나머지 주를 의미한다). 가구 규모나 자녀수와 같은 다른 인구통계학적 변수들은 별 영향력이 없어 제외되었다. 인구통계학적 변수들은 모두 각 집단에 소속된 시청자의 비율(퍼센트)이다. 예를 들어, 일반적인 광고사들은 시청자 중 11퍼센트가 직업여성인 프로그램에 대해 10퍼센트가 직업여성인 경우보다 1천 가구당 16센트를 더 지출하려고 한다. 인구통계학적 변수와 관련해, 광고사들은 직업여성, 중년 남성, 6만 달러 이상 소득의 가구에 대해 광고비를 더 많이 쓰는 경향이 나타난다. '4주간 노출도'는 계수값이 작은데다, 통계적으로도 유의하지 않았다.

(iii), (iv) 모델은 시청 가구 수 대신에 사회적 상품 여부를 나타내는 더

표 3. 평균 시청자 규모, 인구통계학적 특성, 4주간 노출도, 그리고 사회적 상품이 1천 가구당 평균 광고비에 미치는 영향

1천 가구당 평균 광고비 (달러)				
분석 모형	(i)	(ii)	(iii)	(iv)
사회적 상품 여부			4.29***	1.17***
평균 시청 가구 수(백만 가구)	0.59***	0.25***		
일하는 여성 비율		0.16*		0.42***
18~34세 여성		−0.06		−0.13*
35~49세 여성		−0.03		−0.27*
50세 이상 여성		0.02		0.06
18~34세 남성		0.13*		0.03
35~49세 남성		0.29*		0.37**
50세 이상 남성		−0.08		−0.25***
6만 달러 이상 소득자		0.40***		0.36***
중동부 지역 거주		−0.08		−0.14
중서부 지역 거주		0.12		0.04
남부 거주		−0.08		−0.13*
태평양 연안 거주		0.06		0.19**
도시 거주		−0.05		−0.12*
준-도시 거주		0.08		0.09
유료 케이블 시청 여부		−0.19**		−0.11
무료 케이블 시청 여부		0.04		0.26***
4주간 노출도		−0.0001		−0.0015
2월 자류 더미 변수	−0.98**	−0.72***	−1.40***	−0.73***
7월 자료 더미 변수	0.77*	0.88***	−0.45	0.30
절편	2.37***	0.22	5.89***	0.93
R^2	0.33	0.84	0.36	0.83

*** p=0.001; ** p=0.01; * p=0.05

미 변수를 포함했다(1=사회적, 0=비사회적). 분석 결과, 사회적 상품의 경우 1천 가구당 비용이 뚜렷하게(1.17달러, 비율로는 약 20퍼센트 이상) 더 많이 지

출되는 것으로 나타난다. 이 모델들에서도 인구통계학적 변수들이 통제되었으며, 누적 노출도는 별 영향력이 발견되지 않았다.

세 번째 가능한 설명은 텔레비전을 여간해선 보지 않는 사람들이 가장 인기 있는 프로그램은 본다는 것이다. 인기 프로그램만이 이들에게 노출되므로 더 높은 가격을 요구하게 되고, 사회적 브랜드는 이 광고를 위해 더 많이 지불해야 할 것이다. 하지만 이런 논리는 사실에 부합하지 않는다. 〈그림 10〉은 357개 각각의 관측치를 4주간 노출도(x축)와 총 광고비(y축)의 관계로 그려본 것이다. 텔레비전에 적게 노출된 가구가 많이 포함되어 있을수록 광고비가 기하급수적으로 높아지는 것을 볼 수 있지만, 동시에 누적 노출도의 모든 수준에서 일관되게 사회적 브랜드가 비사회적 브랜드보다 더 많이 지출하고 있다는 사실을 알 수 있다.

네 번째 가능한 설명은 사회적 브랜드는 비사회적 브랜드보다 더 많은 광고비를 지출해야 할 필요가 있다는 것이다. 전체 광고량이 한정되어 있으므로, 사회적 브랜드의 광고사는 더 비싼 프로그램을 사야 할 압박에 직면한다. 〈그림 11〉은 119개 품목 각각이 1년간 사용한 광고비 총액(x축)과 1천 가구당 평균 광고비(y축) 간의 관계를 나타낸다. 이 그래프는 사회적 브랜드가 일반적으로 더 많이 광고한다는 예측(예를 들어, Becker 1991, 1113)을 증명하는 결과이다. 하지만 많은 비사회적 브랜드들은 사회적 브랜드만큼이나 총 광고비를 지출하면서도 이들의 가구당 지출은 사회적 브랜드에 비해 훨씬 적다. 다시 말해 사회적 브랜드가 단지 더 많이 광고하기 때문에 1천 가구당 광고비가 높은 것은 아니라는 것이다.

그 밖에도 몇 가지 설명이 가능하다. 인기 프로그램은 더 흥미롭기 때문에 시청자들이 광고를 더 잘 기억할 수 있다(Webster and Lichty 1991). 또

그림 10. 총 광고비 대 4주간 노출도

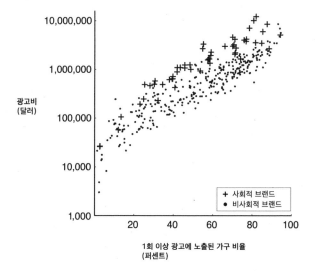

그림 11. 1천 가구당 비용 대 광고비 총액

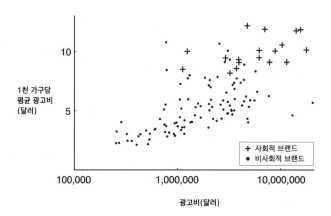

한 양질의 제품이기 때문에 인기 프로그램에 비싼 값을 주고도 광고를 내는 것일 수 있다(Nelson 1974; Kihlstrom and Riordan 1984; Milgrom and Roberts 1986). 인기 프로그램이란 언제나 소수에 불과하므로, 방송사가 광고사와의 가격 협상에서 유리한 위치를 점해서 높은 광고비를 얻어 낼 수도 있다. 인기 프로그램이 보다 설득력 있는 내용을 담고 있기 때문에, 시청자들에게 광고 제품에 대한 선호를 불러일으킬 수도 있다(Dixit and Norman 1978). 시청자 수와 인기 프로그램 시청자들의 인구통계학적 구성은 아마도 더 예측하기 쉽기 때문에, 위험 회피적인 광고사들이 그런 프로그램을 선호하는 것일지도 모른다(Fournier and Martin 1983). 이런 모든 설명들은 인기 프로그램의 광고비가 비싼 이유를 알려 줄지는 몰라도, 사회적 상품들이 이런 프로그램에 광고를 내게 되는 이유는 설명하지 못한다. 달리 말해, 시청자들의 광고 기억 수준, 제품의 질, 프로그램 내용의 설득력, 광고사의 위험 회피적 성향 등이 비사회적 상품에 비해 사회적 상품에서 더 높아야 할 명료한 이유를 제시하지 못하는 것이다.

우리 분석의 가장 큰 문제는 사회적 상품의 표본이 매우 제한적이고, 맥주와 같은 남성 중심적 제품에 편향되어 있다는 데 있다. 앞서 보여 주었듯이, 이런 문제들이 어느 정도는 보완될 수 있지만, 그럼에도 불구하고 우리가 사회적 상품의 효과가 아니라 맥주 소비자들의 영향력을 보여 준 것일 수도 있다. 이 문제를 해결하려면 신발, 의류, 음료수와 같은 다른 인구통계학적 구성을 대표할 수 있는 사회적 상품이 자료에 포함되어야 할 것이다.

보다 개념적인 차원에서 어떤 개인이 구매 결정을 할 때, 다른 사람들도 그 제품을 살 것이라는 예상에서 자신도 사게 되는 것인지, 아니면 보다 단순하게 다른 사람이 그 제품에 대해 알고 있기 때문에 자신이 사는 것인지 구별하기는 매우 어렵다. 예를 들어, 마스터락Master Lock[자물쇠 회사]은 20여 년에 걸쳐 슈퍼볼 경기에서 광고를 내왔다. 1991년의 경우, 총에 맞아도 건재한 자물쇠를 보여 주는 광고를 내보냈는데, 한 해 광고비의 대부분을 이 하나의 광고에 쏟아부었을 정도였다(Amos 1991). 만약 내가 자물쇠를 산다면 다른 사람들도 그 제품을 사는지에 대해서는 별 관심이 없을 것이다. 그보다는 도둑을 포함해서 다른 사람들이 그 자물쇠가 단단하다고 평가하는지에 대해 관심을 갖게 된다. 여기서 공지성은 조정된 결과를 낳기보다는 그 자체가 제품의 한 측면을 반영할 따름이다 (Becker and Murphy 1993; Keller 1993, 4).

사회적 상품과 비사회적 상품을 독립적으로 개념 구분하는 것도 쉽지 않다. 하지만 공개적 행위와 그렇지 않은 행위 간의 구분은 애너 하비 (Harvey 1999)나 줄리엣 쇼어(Schor 1998) 등의 연구를 통해 경험적으로 유용하다는 것이 밝혀진 바 있다. 하비는 미국을 사례로 해서, 투표 등록을 할 때 자신의 가입 정당을 공개적으로 기재할 수 있는 주써일수록 정당 가입률이 높다는 사실을 밝혀냈다(정당 가입률은 사람들이 자신을 특정 정당의 구성원으로 여기는지, 혹은 특정 정당의 승패에 관심을 두는지 등에 대한 설문을 통해 측정되었다). 이 결과는 정당에 대한 당파성이 조정 문제라는 사실을 보여 준다. 예를 들어, 당파성이 개인적 충성도에 관한 문제라면, 지지 정당 기재를 허용하는 투표 등록법이 이런 차이를 만들어 낼 수는 없다. 쇼어는 여성 화장품을 분석했다. 여성들은 립스틱과 같이 공개 장소에서 드러나는 제품에서는 값비싼 고급 브랜드를 사려는 경향이 높은 반면, 세안제와 같이 집에서 개인적으로 사용하는 제품에서는 그런 선호가 적었다.

인기 프로그램이 시청자당 광고비가 높다는 사실은 프로그램 간 비교가 아니라 지역 간 비교 자료에서도 잘 드러난다. 피셔와 그 동료들은 지역 방송국의 광고 수입은 전체 시청 가구 수뿐만 아니라 시청 가구 수의 제곱과 양(+)의 상관관계가 있다는 사실을 밝혀냈다(Fisher, McGowan and Evans 1980).* 비슷한 맥락에서 오티나는 지역 방송 시장이 클수록, 가구당 광고 수익이 커진다는 사실을 발견했다(Ottina 1995, 7). 워스와 블록은 프로그램 〈매쉬〉 *MASH*의 1회당 광고료가 시청 가구 수에 따라 선형linear 이상으로 크게 증가하는 것을 발견했다(Wirth and Bloch 1985, 136). 다시 한 번 언급하지만, 시청자의 인구통계학적 특성이나 방송사의 지역 내 시장 지배력과 같은 다른 변수로 설명될 수도 있다. 우리의 자료는 전국 수준의 시청자, 광고 시장을 포괄하고 인구통계와 누적 노출도를 포함하고 있으므로 순수 비선형 관계pure nonlinearity를 보여 주는 데에 더 우월하다.

앞서 언급한 대로, 인기 프로그램이 시청자당 광고비가 비싸다는 현상에 대해 다른 설명들도 양립 가능하다. 더불어 사회적 상품의 광고사

---

* 두 변수 간 양의 상관관계란, 한 변수가 늘어나면 다른 변수도 늘어나는 관계를 말한다. 이 사례에서는 특정 지역의 가구 수가 많을수록 그 지역 방송국의 광고 수입도 늘어난다는 뜻이다. 시청 가구 수의 제곱과도 양의 상관관계가 있는지 확인한 이유는, 두 변수 간에 비선형적 (non-linear) 관계를 예상하기 때문이다. 제곱한 변수가 양의 상관관계이므로, 시청 가구 수 증가에 비례해서 광고 수입이 일관되게 늘어나는 게 아니라, 처음에는 가파르게 늘어나다가 차츰 증가 정도가 줄고 나중에는 더 이상 늘지 않거나 도로 하락하는 패턴이다. 볼록함수의 그래프를 연상하면 된다. 제곱항이 양의 계수값을 갖는다는 의미는 광고주가 한 지역에 두 번 광고를 내보내는 것보다, 그 지역보다 인구가 두 배인 다른 지역에 한 번 광고를 내보내는 것을 더 선호한다는 것이다. 두 경우에 노출되는 시청자 수는 같지만, 시청자 중복으로 두 번의 광고는 두 배의 효과를 거두지 못한다.

들이 비싼 값을 주고도 인기 프로그램의 광고를 산다는 사실을 통해, 인기 프로그램은 공유 지식을 산출하고 조정 문제를 해결하기가 수월하다는 주장이 뒷받침된다. 우리의 주장은 단지 세련된 논리에 그치지 않는다. 어떤 사례를 통해서든 우리의 주장은 경험적으로 검증될 수 있다.

강한 연계와 약한 연계

집단 내 조정을 위해서는 구성원 간 사회적 관계의 패턴이 중요하다. 제임스 콜먼은 '사회적 자본'social capital에 대해 논의하면서, 한국 학생운동 조직의 '학회'를 사례로 들었다(Coleman 1988). 이 학회들은 시위를 조직하는 기반을 형성했다(자세한 내용은 Lee 2000). 제임스 스콧은 이렇게 언급했다. "전통적인 군중행동에서 분명하게 드러나는 사회적 조정은 공동체의 비공식적 네트워크를 통해 가능했다. 공동체의 하부 집단 구성원들은 친척 관계나 이웃과의 친교, 품앗이, 의례 그리고 일상적인 직업 연계 등을 통해 네트워크에 참여하게 된다"(Scott 1990, 151). 로저 굴드는 반란이 조정 문제이며, 공유 지식은 사회적 관계를 통해 형성된다는 점을 분명히 하고 있다. "사람들은 자신이 전체 집단의 일부라고 여길 때에야 사회운동에 가담하게 된다. 그 집단은 충분히 크고, 연대 의식이 강해서 뭉치기만 하면 성공할 수 있다는 확신을 심을 수 있어야 한다. 이런 판단을 내리기 위한 가장 중요한 정보원은 …… 관심을 공유한다는 사실을 서로 인지하는 메커니즘인 사회적 관계에 있다(이런 인지에 대한 인지, 그에 대한 인지 등)"(Gould 1995, 18-20).

하지만 '강한' 연계와 '약한' 연계의 효과성과 관련해 여러 맥락에서 연구 과제가 남아 있다. 강한 연계와 약한 연계의 구분은 초기 사회적 네트워크 이론이 제시했다(Granovetter 1973). 거칠게 말해서, 강한 연계가 가까운 친구를 연결한다면, 약한 연계는 얼굴만 알고 지내는 정도의 지인을 연결한다. 일반적인 경험 연구에 따르면, 강한 연계는 '천천히' 사회로 확산된다(Rapoport and Horvath 1961). 임의의 사람과 관계가 시작되어, 그와 가까운 두 명의 친구를 만나고, 이 두 사람 각각의 두 명의 친구를 또다시 알게 되는 등의 과정이 지속되는 것이다. 이런 과정이 되풀이되면, 집단은 천천히 커진다. 때로는 새로운 인물이 추가되지 않기도 하기 때문이다. 가령 내 친한 친구의 친한 친구는 내게도 친한 친구일 수 있다. 반대로 당신이 얼굴만 아는 지인 두 명을 연달아 추가한다면, 집단은 급속히 커진다. 내 지인의 지인이 내게도 지인일 공산은 낮기 때문이다. 약한 연계는 사회로 '급속히' 확산된다. 미국에서는 어느 두 사람이든 6개 정도의 약한 연계로 엮여 있다는 보고도 있다(Milgram 1992; Kochen 1989도 참조). 약한 연계는 넓게 퍼지는 경향이 있는 반면, 강한 연계는 국지적이고, 안쪽으로 수렴되는 모양새이다. 커다란 사회를 연결하기 위해서는 약한 연계가 강한 연계보다 더 중요하다. 약한 연계는 정보를 확산시키는 데 중요한 역할을 한다(Granovetter 1995; Montgomery 1991도 참조). 〈그림 12〉는 강한 연계와 약한 연계의 사례를 보여 준다. 각각은 30명의 사람으로 구성되어 있는데, 점들이 개개인을 의미하고, 화살표는 정보 흐름의 방향을 나타낸다.

두 네트워크 모두에서 각 개인은 세 명의 친구로부터 정보를 얻으므로, '밀도'는 같다. 즉, 연계의 전체 숫자는 같다. 강한 연계 네트워크에서

그림 12. 강한 연계와 약한 연계

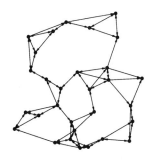

는 내 친구의 친구가 역시 내 친구일 개연성이 높지만, 약한 연계에서는 그렇지 않다. 따라서 강한 연계에서 의사소통이 더 느리다. 당신이 친구로부터 정보를 얻고 나면, 그 친구의 친구로부터 얻고, 또다시 그 친구의 친구의 친구로부터 정보를 얻는 식인데, 네 번을 되풀이 하더라도, 3분의 1 가량의 사람에 대한 정보를 얻는 데 그친다. 약한 연계에서는 네 번만 반복하면 거의 모든 사람의 정보를 얻게 된다.

만일 조정된 행동이 의사소통에 달려 있다면, 의사소통은 약한 연계에서 더 빠르므로, 약한 연계가 더 낫다고 볼 수 있다(Gould 1993; Macy 1991; Marwell and Oliver 1993을 참조). 여기서 문제는 대부분의 경험적 증거들이 강한 연계의 중요성을 뒷받침한다는 점이다. 더그 맥애덤은 1964년 미시시피 유권자 행동Mississippi Freedom Summer*의 자원 활동가들에 대한

---

* 흑인들의 투표 등록을 독려한 캠페인이다. 미국에서는 유권자가 직접 투표 등록을 해야 투표할 수 있는데, 흑인들의 등록률이 유난히 낮아서 문제로 지적되어 왔다.

자료를 분석했다. 어떤 이가 잠재적 참여자와 강한 연계를 가졌는지 여부와, 그가 실제로 활동에 참여할 가능성 간에는 강한 상관관계가 있다는 사실을 밝혀냈다. 하지만 약한 연계의 경우 그런 상관관계는 나타나지 않았다(McAdam 1986; McAdam and Paulsen 1993; Fernandez and McAdam 1988도 참조) 개인들이 신기술 제품을 수용하는지 여부를 탐구하는 '확산'diffusion에 관한 세 편의 고전적 연구에서도, 수용률은 약한 연계와 음(−)의 상관관계를 나타냈다(Valente 1995, 51).

이 문제에 대해 강한 연계가 의사소통이 아니라 사회적 영향력과 같은 완전히 다른 메커니즘을 통해 작동한다고 주장할 수도 있다. "약한 연계가 확산 경로로는 더 효과적이지만, 사회적 행동에 영향을 미치는 데에는 강한 연계가 더 큰 잠재력을 갖고 있다"(McAdam 1986, 80). 물론 이런 주장은 일리가 있고, 사회적 관계는 정보, 영향력, 감정과 같이 각기 다른 실체를 전달하는 것이 사실이다. 하지만 공유 지식의 중요성을 강조하는 우리의 주장은, 의사소통의 문제만 놓고 보더라도 강한 연계가 더 나을 수 있다는 것이다. 바꿔 말하면, 강한 연계는 의사소통 이외의 메커니즘에 의지하지 않을지라도 더 우월할 수 있다(보다 자세한 내용은 Chwe 1999b, 2000 참조).

간단한 사례를 들어 보자. 네 명의 사람이 있고, 각자에게는 세 명이(참여 결정의) '경계점'threshold이다. 말하자면, 각자는 총 세 명은 참여해야 집단행동에 뛰어들려고 하게 된다. 〈그림 13〉에서 보듯이 사각형과 연모양의 네트워크를 가정해 보자. 여기서 모든 연계는 대칭적이다(의사소통이 양방향 모두에서 일어난다). 참여 결정을 내리기 전에, 각자는 이웃한 사람들과 참여 의사에 대해 소통한다. 즉, 자신의 경계점을 확인하는 것이

그림 13. 사각형과 연 모양 네트워크

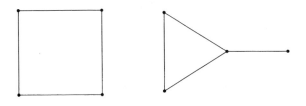

다. 사각형에서 각각은 세 명이 경계점인 사람이 세 명 존재한다는 것을 알고 있다. 즉, 자신과 자신의 두 이웃, 이렇게 총 세 사람이다. 다시 말해, 각자는 집단행동이 가능할 수준의 집합적 정서의 존재를 알게 된다. 하지만 내가 참여 여부를 고려 중이라고 말한다고 치자. 내 오른편의 이웃에 대해 나는 무엇을 알고 있는가? 나는 단지 그가 세 명의 경계점을 가진다고 알 뿐이다. 나는 그의 이웃이므로, 그는 나의 경계점이 세 명이라고 알고 있다는 사실을 내가 안다. 하지만 나는 그의 다른 이웃, 즉 나와 대각선에 있는 사람에 대해서는 아무것도 모른다. 그 자는 참여할 생각이 전혀 없을 수도 있고, 그럴 경우에 내 오른편의 이웃은 분명히 참여하지 않을 것이다. 그러므로 나는 참여 결정을 내리는 데 내 이웃에 의존할 수만은 없다. 그래서 나는 참여하지 않게 된다. 그러므로 집단행동이 가능한 정서가 충분히 있고, 모두가 그것을 알고 있는 것이 사실이라 할지라도, 아무도 참여하지 않는다. 다른 사람들이 무엇을 생각하는지 아무도 알 수 없기 때문에 조정에 실패하는 것이다. 이 경우 그 사실은 공유 지식이 아닌 것이다.

오른쪽 연의 경우에도 마찬가지로, '삼각형' 안의 개인은 자신과 이웃한 두 사람이 세 명의 경계점을 가졌다는 사실을 안다. 하지만 여기서 각 개인은 자신의 두 이웃이 서로의 경계점에 대해 알고 있음을 알게 된다. 삼각형의 세 사람 간에는, 세 명의 경계점을 가진 세 사람이 있다는 사실이 각자에게 알려져 있을 뿐만 아니라, 각자는 다른 사람도 같은 사실을 알고 있다는 것을 안다. 그러므로 '삼각형'의 세 사람은 참여하게 되고, 조정에 성공한다(삼각형 밖의 사람이 참여하지 않을 경우 부분적인 조정이 된다).

이 사례에서 연 모양 네트워크가 사각형의 네트워크보다 조정의 문제에 있어 우월하다. 이런 차이는 전체 연계의 숫자나(두 모형에서 모두 네 번의 연계가 존재한다), 각각의 사람과 연결된 이웃의 수(연 모양에서 참가자 두 명은 사각형에서와 마찬가지로 두 명의 이웃을 갖는다)와 같은 개략적 특징들로는 설명될 수 없다. 사각형과 연 모양 간의 차이는 분명히 그들의 구조에 있다. 연 모양에서 삼각형 내의 각 구성원들은 그의 친구들이 서로 알고 있다는 것을 알고 있기 때문에 참여하는 것이다.

그러나 일반적으로 이는 강한 연계의 이점이다. 만약 당신과 내가 강한 연계에 의해 연결된 잠재적 참가자라면 당신의 친구들은 나의 친구들일 가능성이 높다. 따라서 우리의 친구 집단에서 참가에 대한 열망은 친구들 사이에서 공유 지식이 될 것이다. 당신과 내가 약한 연계를 갖고 있다면, 우리는 모두 서로의 친구를 알 수 없을 것이다. 다시 말해, 약한 연계가 의사소통에 있어서 항상 우월하다는 관점에는 의사소통이 (다른 사람이 알고 있는 것에 대해 안다는 차원이 아니라) "일차적 지식"first-order knowledge, 즉 모르던 것을 안다는 것에만 관련된다는 전제가 깔려 있다. 약한 연계는 광범위하게 의사소통하는 데에는 유리하지만, 국지적으로 공유 지식을 형성하는 데에는 강한 연계가 유리하다. 조정 행동이 문제가 되지 않는다면, 즉 공유 지식이 필요치 않다면, 약한 연계가 우월할 수 있다. 예를 들어 구직에 대한 정보를 찾는 데에는 약한 연계가 유리하다(Granovetter 1995). 그러나 사회적 조정 문제에 있어서는 강한 연계가 우월하다.

분석을 좀 더 확대해 보자. 맥애덤과 폴슨은 종교단체나 민권운동 모임과 같은 조직들은 개개인에게 "매우 뚜렷한 정체성과, 이런 정체성에 기반한 행동주의activism를 강력히 장려한다"는 사실을 발견했다(McAdam and Paulsen 1993, 658). 흥미롭게도 조직 가입과 강한 연계의 존재가 분석에 함께 포함될 경우, 강한 연계라는 변수가 가졌던 강한 양(+)의 상관관계는 사라지는 것으로 나타났다.* 그러나 조직 가입과 강한 연계가 같은 "변수"에 대한 다른 지표에 불과할 수도 있다. 즉, 참가를 원하는 사람들의 집단에 포함되어 있다는 것은 다름 아닌 공유 지식이다. 집단행동에 대한 경험적 연구는 종종 설문 조사에 의존한다. 예컨대, 칼 디터 오프와 크리스티안 게른은 동독의 붕괴로 귀결된 시위에 참여했던 사람들을 대상으로 설문 조사를 했다. 설문에서 그들은 각자에게 집회에 참여한 다른 친구가 있는지를 물어보았을 뿐인데, 이것이 그의 집회 참여를 예측하는 데 중요한 변수라는 사실을 발견했다(Opp and Gern 1993). 강한 연계나 공유 지식의 중요성을 증명하는 또 다른 방법은, 각 개인에게 집회에 참여한 자신의 다른 친구들이 서로 아는 사이인지를 물어보는 것이다.

---

* 앞서 맥애덤의 연구에서 강한 연계를 가진 사람일수록 집단 활동에 대한 참여가 높다는 상관관계가 나타났지만, 이 모형에 조직 가입 여부를 독립변수로 포함시키면 강한 연계의 효과가 사라진다는 뜻이다. 이럴 경우, 원래의 모형에는 중요한 설명 변수가 누락되어 발생하는 편의(omitted variable bias)가 있었다고 말할 수 있다.

우리는 조정 문제를 공동체나 '하위문화'subcultures로부터 비롯되는 것으로 인식하곤 한다. 그러나 무엇이 공동체를 만드는가? 만약 우리가 공유 지식의 논리를 적용한다면, 공동체란 각각의 사람들이 분산된 많은 관계를 갖는 도심부와 같은 모습이 아니다. 그것은 각각이 적은 수의 친구들만 갖더라도 서로가 잘 아는 이웃과 같은 모습을 띨 것이다.

원형 감옥의 예배당

합리적 선택이론의 창립자로 알려진 제러미 벤담은 '원형 감옥'을 고안하기도 했다. 그는 원형 감옥을 매우 정교하게 묘사했으며, 20년이 넘게 이 감옥이 설치되도록 로비를 벌였다(Semple 1993). 감방이 원형을 이루며 중앙의 감시탑을 둘러싼 구조는 벤담의 생전에는 실현되지 않았고, 실제로 감옥 건설에도 별 영향을 미치지 못했다. 최근에 이르러 원형 감옥은 하나의 비유analogy로서 크게 각광받았다. 미셸 푸코에 따르면, "(원형 감옥은) 권력 메커니즘의 이상적 형태를 보여 주는 도식이다"(Foucault 1979, 205). 원형 감옥에서는 시야visibility가 세 가지 형태를 띤다. 감독관은 한 지점에서 모든 죄수들을 볼 수 있다. 감독관은 자신을 은폐한 채로 죄수들을 감시하며, 죄수들은 서로를 볼 수 없다. 따라서 원형 감옥은 중앙의 감시탑을 둘러싼 원 모양으로 감방을 배치하고, 감시소는 밖에서 안이 보이지 않도록 흐린 유리로 되어 있다. 감방 사이를 분리하는 칸막이는 안쪽으로 길게 이어져서 죄수들의 시야를 차단한다. 나는 이런 구조의 중앙 집중성centrality, 비대칭성asymmetry, 그리고 분리성separation에 주목한다. 원형 감옥의 작동 원리는 매우 자명한 것으로 여겨져 왔다. 하지만 위 세 가지 특징 중 어느 것이 가장 중요한지, 혹은 어느 것이 필요조건인지, 그리고 그것들이 정확히 어떻게 작동하는지는 분명하지 않다. 원형 감옥이 그런 기능을 하도록 만드는 요인은 무엇일까?

벤담이 쓴 편지에서는 분리성이 별로 중요하지 않게 취급되고 있다. "원형 감옥의 핵심은 감시자의 위치가 갖는 중앙 집중성이다. 그것은 자신은 보이지 않으면서도 상대를 볼 수 있게 고안되어 매우 효과적이다." 이후 책의 후기에서, 벤담은 안쪽으로 길게 이어진 칸막이가 반드시 필요하진 않다고 밝히고 있다(Bentham [1791]1843, 44). 벤담은 감옥뿐만 아니라 병원, 학교, 공장을 포함한 사회제도 전반에 걸쳐 원형 감옥 방식을 도입하자고 강력히 주장했다. 그는 이중 몇몇의 경우에 대해서는 비대칭성과 분리성이 선택 사항일 뿐이라고 못 박아 말한다(Bentham [1791]1843, 60). 일리노이 주 졸리엣의 스테이트빌 교정 센터 F동은 미국에서 몇 안 되는 원형 감옥 방식의 교도소이다. 여기서는 오직 중앙 집중성만 발견된다. 수감자들은 이리저리 걸어 다니고 대화할 수 있으며, 심지어 자기 감방에 감금되어 있을 때조차 시로를 볼 수 있게 되어 있다. 중앙의 감시탑은 개방되어 있고, 안에 있는 감시관은 〈그림 14〉와 같이 밖에서 잘 보인다(Foucault 1979의 〈도판 6〉도 참조).

분리의 목적은 분명하다. 수감자들 간의 의사소통을 가로막아서 조정된coordinated 집단행동을 방지하는 것이다. 벤담은 이렇게 말했다. "(죄수들이) 감시관들을 압도하려면 물리적 힘을 모으고, 서로 간의 의사도 조율해야 한다. 하지만 감방에 들어가는 순간 다른 어느 누구도 시야에 잡히

그림 14. 일리노이 주 졸리엣의 스테이트빌 교정 센터 F동

지 않는 상황에서 그런 협력이 가능하겠는가?"(Bentham [1791]1843, 46). 또한 푸코에 의하면, "이런 비가시성이 질서를 보장해 준다. 만일 수감자들이 유죄판결을 받은 기결수라면 음모를 꾸미거나 집단 탈출을 시도할 위험은 전혀 없다"(Foucault 1979, 200).

중앙 집중성은 주로 효율을 높이는 데 목적이 있는 것으로 보인다. 소수의 감시관만 필요하므로 인건비를 줄일 수 있다(최근 LA 카운티에 건설된

트윈 타워 중범죄 교도소Twin Towers maximum-security prison에 대한 Rendon 1998의 논의 참조). 비대칭성 또한 비용 절감과 관련되어 있다. 죄수들은 자신에 대한 감시 여부를 알 수 없기에, 늘 감시당하고 있는 것처럼 행동할 수밖에 없다. 그러나 원형 감옥은 단지 비용 절감이라는 차원에 그치지 않는다. 이것은 완전히 다른 종류의 권력을 원형archetype 그대로 보여 준다. 이 부분에서 비대칭성은 매우 중요한 주제이다. 낸시 프레이저가 말했듯이, 원형 감옥은 "새로운 지식의 새로운 생산 과정을 새로운 종류의 권력에 연결하는 미시적 실천의 원조prototype였다. …… 이런 연결은 시선의 비대칭성에서 비롯된다. 시선은 일방적이다. 과학자나 관리인은 죄수를 볼 수 있지만, 죄수는 상대를 볼 수 없다. 일방향의 가시성은 죄수들이 언제 감시당하는지, 혹은 실제로 감시당하고 있는지에 대해 알 수 없게 만든다. 이는 죄수들로 하여금 감시의 시선을 내면화하게 만들어, 각자는 스스로를 감시하게 된다"(Fraser 1989, 23).

푸코에 의하면, 비대칭성은 감시관과 죄수 사이의 "관찰하고/관찰당하는 관계를 분리시킨다"(Foucault 1979, 202). 그러나 이런 이분법적인 분석은 불충분하다. 죄수들이 서로 어떻게 알게 되고, 의사소통하는지를 감안하지 않기 때문이다. 비대칭성은 또 다른 중요한 기능을 한다(이 기능은 분리성에서도 나타난다). 그것은 바로 공유 지식의 형성을 차단해 죄수들 간에 조정된 행동에 도달하지 못하게 하는 것이다.

이런 주장의 증거는 원형 감옥의 설계도이다. 푸코를 포함해 대부분의 관찰자들은 이 측면을 간과해 왔다. 벤담은 책의 후기에서 한 장 전체를 할애해, 중앙 집중성의 이점을 논한다. 그중 하나는 감시실 위로 예배당이 배치될 수 있다는 점이다. 이는 죄수들에게 "선동의 위험 없이 자신

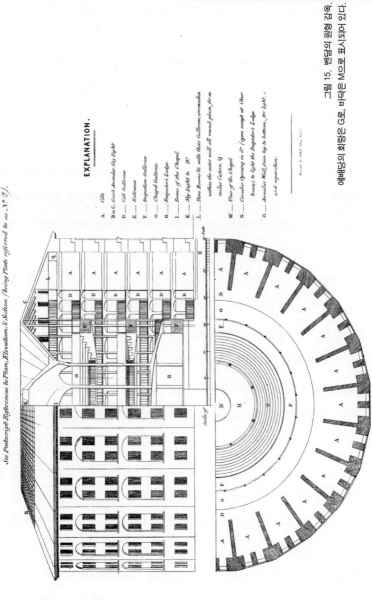

그림 15. 벤담이 제시한 원형감옥 팬옵티콘의 설계도. 감방은 A로, 감시탑 바닥은 M으로 표시되어 있다.

의 감방에서 예배의 혜택을 누릴 수 있게 해준다. 일하다가 기도할 시간이 찾아와도 떼 지어 모여 소란이 일어나는 법이 없다. 싸움이나 공모, 탈출 모의도 없으며, 그를 막을 채찍이나 족쇄도 필요치 않다"(Bentham [1791]1843, 47). 벤담의 설계 도면인 〈그림 15〉를 통해 예배당의 회랑(벤담은 여기서 신망 높은 방문객들이 앉아서 기결수들의 예배에 동참할 수 있도록 설계했다)과 바닥을 분명하게 확인할 수 있다.

따라서 벤담이 구상한 원형 감옥은 순전히 감시의 도구만이 아니라 종교적 의례의 구조이기도 했다. 죄수들은 감시의 대상일 뿐만 아니라, 제한된 의미에서나마 관객이기도 했다. 감시를 용이하게 하는 중앙 집중성은 마침 종교적 의례에도 용이한 구조가 되었다(이는 벤담에게 원형 감옥의 장점 중 하나였다). 만약 벤담이 그의 후기에 썼듯이 분리성을 제외한다면, 예배당과 감시실을 구별 짓는 유일한 특징은 비대칭성이다. 비대칭성은 원형 감옥과 원형극장을 구별 짓는 유일한 특징이기도 하다.

따라서 비대칭성은 감시자와 피감시자 간 양자 관계에 영향을 줄 뿐만 아니라, 피감시자가 암암리에 서로 소통하거나 공유 지식을 형성할 수 없게 만들려면 반드시 필요하다. 예를 들어, 중앙의 감시탑이 개방되어 모든 죄수들이 그 안을 볼 수 있다고 가정해 보자. 그렇다면 중앙의 감독관이 자고 있거나, 감시에 장애를 겪고 있거나, 살해되었을 경우에, 혹은 죄수들이 감시탑을 장악했을 경우에 전격적으로 공유 지식이 형성되고 폭동이 발생할 것이다. 각각의 죄수들은 다른 죄수들 역시 같은 것을 보고 있다는 사실을 알게 된다. 감시탑과 감방이 흩어져 있어서 중앙 집중성이 없는 감옥에서는 이런 사고의 위험이 훨씬 낮을 것이다. 단일 지점에서 전체를 향한 신호를 보낼 수 없기 때문이다. 이는 단지 이론에 그치는 것이 아니다. 1936년에서 1961년까지 스테이트빌 교도소의 감독관으로 지냈던 조셉 라겐Joseph Ragen은 "방문객들에게 이런 사실을 알려준다. 감시탑의 감시관들이 모든 죄수들을 볼 수 있지만, 모든 죄수들 또한 이 감시관을 볼 수 있고, 언제 등을 보이는가도 알 수 있다는 것이다. 따라서 그는 감시탑을 이용할 때, 감방동의 다른 전략적 위치에 감시관들을 배치한다"(Erickson 1957, 22; 또한 다수 관객들이 '전도된' 원형 감옥을 형성하는 문제에 관해서는 Webster and Phalen 1997, 119를 참조). 이처럼 원형 감옥은 불안정하다. 감시를 효율화하는 반면에 쉽게 "뒤집힐 수 있는" 구조라는 비용이 뒤따르기 때문이다.

벤담의 설계에는 분명히 존재했던 예배당이 왜 푸코의 해석에서는 빠진 것일까? 이런 누락이 초래하는 중요한 문제는 없을까? 푸코가 말하길, 중앙탑에 위치한 한 명의 감시자에게 감방은 "흡사 수많은 새장이나 소극장과 같은 것이다. 그 안의 모든 행위자(혹은 배우)는 모두 혼자이고 완전히 개인화되며 상시적으로 외부에 노출되어 있다"(Foucault 1979, 200). 만약 극장이 많은 사람들이 같은 것을 함께 보고, 그에 대한 공유 지식을 형성하는 집단적 경험이 이뤄지는 곳이라면, 푸코의 해석은 잘못된 것이다. 이와 반대로 벤담이 보기에 죄수들은 중앙의 감시동에 거처하는 교도소장과 그 자녀들에게 "굉장한 오락거리를 지속적으로 제공한다. 바깥나들이가 없고 적적한 공간에서 창문 밖을 내다보는 것 자체가 큰 오락거리인 셈이다"(Bentham [1791]1843, 45). 다양한 광경과 사물들을 볼 수 있는 소수의 사람들에 대한 벤담의 비유는 더욱 적절하다. 감독관의 감시를 극장에 비유해 묘사함으로써, 푸코는 원형 감옥이 죄수들에게 극장이 될 수 있는 가능성을 배제했다고 볼 수 있다. 비슷한 맥락에서, 푸코는 벤담이 베르사유의 르보Le Vaux 동물원에서 영감을 얻었다고 추측했다(Foucault 1979, 203). 이 동물원에서는 하나의 방에서 각기 다른 동물들이 들어 있는 일곱 개의 우리를 감시했다. 그러나 이 동물원과 원형 감옥의 유일한 유사점은 중앙 집중성밖에 없다(아마도 동물들이 서로를 보거나 관람객의 등을 보지 못하도록 방지할 필요는 없었을 것이다). 이런 비유는 피관찰자들 간의 공유 지식 형성이라는 문제를 배제해 원형 감옥의 불안정성을 보지 못하게 만든다. 아마도 동물들은 우리를 탈출하기 위한 조정된 집합행동이 가능하지 않을 것이기 때문이다.

푸코의 전반적인 목적은 종교적 의례에 기반한 과거의 권력 유형에서, 원형 감옥으로 형상화되는 근대적 권력 유형으로의 역사적 전환을 보여 주는 데 있었다. 원형 감옥의 규칙을 통해 "사회의 전반적인 형태가 드러난다. 고대는 스펙터클의 문명이었다. '소수의 사물을 다수의 사람들이 들여다 볼 수 있게 만들었다.' 사원이나 극장, 서커스장의 건축이 이런 특징을 잘 보여 준다. …… 근대는 이와는 정반대이다. '소수에게, 심지어는 한 개인에게 다수 대중이 동시에 나타난다.' …… 근대는 스펙터클이 아니라 감시의 사회이다. …… 우리는 원형극장이나 무대에 있는 것이 아니라 원형 감옥 안에 갇혀 있다"(Foucault 1979, 216-217; Julius 1831에서 인용). 푸코의 일반적 논의를 수용하든 말든, 원형 감옥의 정중앙에 세워진 의례적 구조를 받아들인다면, 그것은 예외적인 사례에 그치지 않는다. 푸코가 보기에, 역사적으로 권력 메커니즘이 스펙터클에서 감시로 전환한 이유는 스펙터클이 불안정하기 때문이다. 예를 들어, 공개 처형은 국가의 질서를 위한 의례이지만 국가에 대한 전복으로 전화할 수 있다. 하지만 원형 감옥도 비슷한 불안정성이 있다. (중앙 감시실이) 흐린 창문으로 은폐되지 않았다면 일거에 (고대의) 경기장처럼 변할 수 있는 것이다.

예배당이 아니더라도 원형 감옥은 여전히 종교적인 의례의 측면을 갖고 있다. 예배당은 이를 좀 더 명확히 해줄 뿐이다. 벤담은 원형 감옥이 "감시자의 실제 존재real presence가 극히 효과적으로 배치되어 있을 뿐더러, 외관상 감시자들이 어디에나 존재한다apparent omnipresent는 데에 근본적인 이점이 있다"(Bentham [1791]1843, 45)라고 말한다. 이는 단지 각각의 죄수들이 감시받고 있다는 데 그치지 않는다. 외관상apparent 분명히 감시가 어디에나 존재한다는 것을, 그래서 다른 모두가 비슷한 감시 아래 있다는 사실을 죄수 각각이 알고 있다는 뜻이다. 푸코에 의하면, "죄수는 자신을 감시하는 중앙의 높은 탑을 지속적으로 보게 될 것이다"(Foucault 1979, 201). 낸시 프레이저는, "원형 감옥의 감시 방식은 은밀해서, 고대의 권력 행사의 특징인 스펙터클과 같은 것을 보여 줄 필요가 없다"(Fraser 1989, 23)고 생각했지만, 이는 잘못된 것이다. (원형 감옥의) 중앙 감시탑은 가시적이고, 늘 현시되고, 심지어는 우상화된다. "강력하고 전지적인 고층탑"은 마치 "이상한 치장을 하고 현현하는 왕의 신체"(Foucault 1979, 208)처럼 들린다. 이것은 원형 감옥과는 정확히 상반되는 모습이다. 심지어 푸코는 "한 죄수가 감방 안에서 중앙의 감시탑을 향해 무릎을 꿇고 기도하는"(Foucault 1979의 〈도판 4〉의 캡션 참조) 그림을 보여 주기도 한다.

만일 의사소통을 방향성을 가진 흐름이라고 볼 수 있다면, 왕실 축제(다수의 군중이 한 사람을 본다)는 원형 감옥(한 사람이 다수의 군중을 본다)과는 정반대라고 볼 수 있다. 그러나 우리가 축제에서 가장 중요한 문제라고 주장해 온, 다중multitude 속에서의 '공유 지식 형성'이라는 차원으로 이해한다면, 축제와 원형 감옥은 매우 유사하다. 축제는 강렬한 이미지, 정서,

상호작용을 통해서 공유 지식을 형성하는 반면, 원형 감옥에서는 감각을 빼앗김으로써 공유 지식이 형성된다. 각각의 사람들은 흐릿하게 어디에나 존재하는 감시탑 외에는 아무것도 볼 수 없고, 죄수들은 제각기 홀로 감시탑만 바라본다는 사실을 각각의 죄수들이 알고 있다. 원형 감옥에서 죄수들은 분리되어 있으나 (뿔뿔이 흩어져 있다는 의미로) 원자화되어 있지는 않다. 각자는 자신의 개인적 경험을 갖고 있으며, 감시 상태 그 자체가 공유 지식이다. 프레이저가 묘사한 감시 유형이 유지되려면, 각각의 죄수들은 자신이 홀로 감시당하고 있다는 외로운 편집증을 느껴야 하고, 다른 누군가가 자신과 비슷하게 취급되고 있는지에 대해서는 확신할 수 없어야 한다. 벤담과 푸코의 원형 감옥은 이와는 다르다.

3
정 교 화

다른 설명들

우리의 주장과 배치되는 다른 두 종류의 논의를 살펴보자. 의례는 직접
적인 심리적 자극을 통해서 행위에 영향을 미칠 수 있다. 예를 들어, "율
동이나 반복적인 움직임은 비슷한 종류의 대뇌 변연계limbic 자극을 일으
켜서(즉, 감정적 상태로 만들어서) 조정된 행동을 가능하게 해준다. 이것은 개
인들을 흥에 겨워 결속된 상태로 몰고 가서 집단행동을 수월하게 한
다"(d'Aquili and Laughlin 1979, 158). 이런 설명이 매우 잘 들어맞긴 하지만,
앞서 지적했다시피, 완전한 설명이 될 수는 없다. 그런 자극이 중요하다
면, 의례가 굳이 집합적 행위일 필요는 없기 때문이다. 각각이 개인적으
로 고립된 채로도 그런 고양된 상태에 다다를 수 있을 것이다. 우리의 주
장은 각 개인이 단지 비슷한 감정적·정신적 상태를 가진다는 데 의존하

지 않는다. 우리의 주장은 다른 사람을 인지하는 각 개인이 다른 사람의 인지 여부까지 알아야 하는 것이므로, 자극에 반응하는 개체 수준에서는 포착될 수 없다. 다른 맥락에서, 유진 다퀼리과 찰스 러플린에 따르면, "의례에 참여한 인간의 상태를 설명하는 가장 단순한 방법은 오르가즘일 때 느낄 수 있는 결속감이다. 그 순간에는 양측의 자율신경계에서 강렬한 자극이 동시에 일어난다. 우리는 율동을 통한 청각, 시각, 촉각적 자극에 노출된 후에 사람이 느낄 수 있는 다양한 황홀경이 의례에 참가한 다른 사람들과의 결속감을 가져다준다고 주장한다"(d'Aquili and Laughlin 1979, 158). 오르가즘의 생리학적 효과가 타인과 친밀한 관계를 형성하는 데 도움이 되는 것은 분명하지만, 오르가즘은 종종 아무런 감정적 연계를 동반하지 않으며, 심지어는 혼자서 느낄 수도 있다.

또 다른 설명은 같은 집단에 물리적으로 소속된다는 것이 개인의 감정에 어떤 영향을 미치는지에 관한 것이다. 극단적인 경우는 '군중심리학'에서 찾을 수 있다. 이런 주장들은 경험적으로 검증되지 않았지만, 널리 수용되어 왔다. 예를 들어, 미국 오하이오 주 신시내티의 리버프론트 공연장에서 11명이 압사한 사고는 입구에 한꺼번에 많은 인원이 몰려서 일어났다. 하지만 실제로는 '무자비한 진입 경쟁'이나 대중의 공황 상태 같은 것은 거의 발견되지 않았다. 오히려 협력적이고 상호 부조하는 행태들이 많이 나타났다(Johnson 1987; Turner and Killian 1987; Curtis and Aguirre 1993 도 참조). 큰 집단에 소속됨으로써 개인의 감정에 변화가 일어나고, 상황에 따라 행동이 달라지는 것은 당연하다. 리처드 버크(Berk 1974, 361)는 계획 없이 우발적으로 일어난 베트남전 반대 시위를 매우 세밀하게 분석했다. 세 명의 학생이 도로 점거를 위해 바리케이드를 설치하기 시작하자, "바리케이드 주변에 있던 학생들은 동시다발적으로 '협상'하기 시작했다. 다양한 제안이 있었고, 논쟁이 붙었다. '이런 바리케이드는 기물을 훼손하므로 어리석고 위험한 방식이다. 대신에 이 도로에서 연좌시위를 하는 게 어떠냐?', '당신들이 하는 행동은 너무 위험하다. 학교로부터 징계를 받거나 체포될 수도 있다. 나에겐 이런 행동이 그런 위험을 감수할 만한 가치가 없다.'" 바리케이드가 설치된 뒤에 "250명의 학생들이 주위로 몰려들었고, 많은 학생들은 여전히 논쟁 중이었다. 소수의 열혈 분자들은 바리케이드를 강력히 엄호했다. 그보다 적은 수지만 마찬가지로 열정적인 소수가 바리케이드를 반대하기도 했다. 대부분은 입장이 서지 않아 보였지만, 결국에는 바리케이드를 일단 지키거나, 그대로 놔두자는 쪽으로 정리되었다." 이 사례를 보면, 군중행동에 가담한다고 해서 집단적 도취 상태에 빠진다고 말할 수는 없을 것이다. 군중 속에서 사람들이 가까이 모여 있었기에 전술과 비용·편익에 대해 토론할 수 있었다.

함께하고 있다는 사실로부터 발생하는 감정은 의례와 그 밖의 집단적 이벤트에서 중요한 역할을 한다. 그러나 이런 감정을 핵심적인 차원으로 인식하는 것은 문제가 있다. 의례임이 분명한 인간 행위라 하더라도, 사람들이 반드시 한군데 모여야만 할 필요는 없기 때문이다. 대니얼 다안과 엘리후 카츠는 TV로 전송되는 매스컴용 이벤트가 유월절 만찬Passover seder•

• 유대력으로 1월 14일에 행하는 유월절은 기원전 13세기 유대인이 모세의 인도로 고대 이집트의 속박에서 탈출해 자유와 해방을 얻은 역사를 일주일 동안 기념하는 축제이다. 유월절 만찬은 유월절 첫날밤의 가족 만찬으로, 탈출(엑소더스)의 의미를 설명하는 히브리어 문서를 읽으며 손을 씻고, 쓴 나물과 누룩이 없는 빵을 먹고, 와인을 마신다.

과 비슷하다는 사실을 발견했다. 두 가지 모두 "시대를 초월한 의식儀式의 구조를 제공함으로써 강력한 결속의 도구로 기능한다. 이 의식의 구조는 상징적 중심에 주의를 끌어들이면서도, 이런 기념비적 사건을 동시간대에 비슷하게 가공된, 그리고 각 가정에서 일상적으로 접할 수 있는 다수의 미시 사건microevents으로 전환해 지리적으로 유포시킨다"(Dayan and Katz 1992, 145). 베네딕트 앤더슨은 국경일에 불리는 국가에 주목한다. "'라 마르세예즈'La Marseillaise[프랑스 국가], '왈칭 마틸다'Waltzing Matilda[오스트레일리아 민요로 비공식 국가], '위대한 인도네시아'Indonesia Raya[인도네시아 국가]를 부르는 것은 일체감을 부여하고, 상상된 공동체가 메아리치며 물리적으로 실현되는 기회를 제공한다. …… 이런 일체감을 통해 개인성은 어디론가 사라져 버린다. 우리는 다른 사람들에 대해 알지 못하고, 심지어는 가청 거리 바깥이라 그들이 어디서 부르고 있는지 알지 못하더라도, 그들이 언제 이런 노래를 부르는지 알고 있다. 오로지 상상된 음향만으로도 우리를 결속하고 있는 것이다"(Anderson 1991, 145[188쪽]). 내가 혼자 방에서 국가를 부르고 있더라도, 다른 사람들이 같은 행동을 하고 있다는 것을 알기에 강한 결속감을 갖게 된다. 이 사실만으로도 앤더슨이 명명한 '상상된 공동체'가 창조된다. 같은 공간에서 함께 노래한다면 '물리적 실현'이 되겠지만, 따로 떨어져 노래하더라도 여전히 의례로 기능하게 된다. 각각의 사람은 다른 사람들도 동참하고 있음을 알기에 뒤르켐이 말한 '집합적 흥분'collective effervescence(Durkheim 1912[1995], 220) 없이도 따로 노래를 부르는 행위가 여전히 공식 행사로 자리매김될 수 있는 것이다.

공유 지식은 불가능한 이상인가?

공유 지식 개념과 관련해 제기되는 문제는 공유 지식이 대단한 인지적 능력을 요구하는 것으로 비친다는 점이다. 어느 누가 "그가 아는 것을 그녀가 알고, 그런 사실에 대해 내가 알 수 있을" 정도로 두세 차례 이상의 사고를 할 수 있을 것인가? 그러므로 공유 지식이란 하나의 이상이요, 실현 불가능한 개념으로 보일 수도 있다. 이와 관련해 아리엘 루빈스타인 (Rubinstein 1989)은 두 사람이 99개 차원에서 메타지식을 가졌지만, 1백 번째 차원의 메타지식을 갖지 못해 조정에 실패한 사례를 제시한다. '공유 지식'을 덜 엄격하고 현실성 있는 것으로 개념화하는 방식에는 여러 가지가 있다. 당신이 아는 것을 내가 안다는 식이 아니라, 당신이 90퍼센트의 확률로 믿고, 그것을 내가 90퍼센트의 확률로 믿는다는 식이다 (Monderer and Samet 1989; Morris, Rob and Shin 1995; Morris 1999). 또한 공유 지식을 임의적인 여러 차원이 아니라, 실제 사고 과정과 유사하게 반복 회귀적인recursive 순서로 이해할 수 있다(Lewis 1969, 52를 참조; Milgrom 1981 도 참조). 즉, 우리가 눈을 맞췄다고 가정하면, 우리 모두는 눈 맞춤이 일어난 사실을 알게 된다. 우리가 눈을 맞출 때, 나는 우리 사이에 눈 맞춤이 일어난 것을 알고, 따라서 나는 당신 또한 우리가 눈 맞춘 사실을 안다는 것을 알게 된다. 이런 순환이 일어난다.

아마도, 공유 지식 개념과 관련해 가장 설득력 있는 설명은, 허버트 클라크와 캐서린 마셜이 제시한 대로, 사람들이 공유 지식과 함께 그로부터의 이탈도 휴리스틱heuristic*을 이용해 인지한다는 것이다. "A와 B가 각각의 합리성에 대해 어떤 가정을 갖는다면, 그들은 해당 사안이 도달한 어떤 상태를 추론의 근거로 삼는다. 그런 근거가 없이는 고려해야 할 조건이 무한하게 많을 것이다"(Clark and Marshall 1992, 33). 우리가 눈을 맞출 때, 내 사고는 다른 어떤 것에 의존해야 할 필요가 없다. 나는 단지 과거의 눈 맞춤을 통해 축적된 경험으로부터 추론할 수 있고, 이를 통해 공유 지식이 형성된다.

구체적 사례로 랭크 제록스 사 소속의 유로팍EuroParc 연구실 화상회의를 들 수 있다. 애초에는 각자가 비디오카메라와 모니터를 보유하도록 설계되어 있었다. 하지만 이 연구소의 한 여성 심리학자는 다른 남자 동료와 대화 가운데 발생한 문제점을 인지하게 되었다. "우리는 모두 주짓수 경기를 보려고 돌아앉았다. 그사이 그는 자신의 렌즈를 웃옷으로 덮어 놓았고, 나는 그의 연구실을 볼 수 없게 되었다. 나는 내가 그를 볼 수 없었기 때문에, 그 또한 나를 볼 수 없을 것이라고 생각하게 되었다. 나는 내 카메라가 여전히 켜진 상태라는 사실을 잊고 있었던 것이다"(McCrone 1994). 심리학자는 화상회의를 일상의 면대면 회의 상황과 혼동해서 실수를 한 것이다. 이 실수는 "나는 당신이 아는 것을 알고 …… " 하는 식의 분석 단계를 오인하는 것과는 다른 문제이다. 이 화상회의를 설계한 사람은 의사소통을 '일차적 지식'인 메시지를 전달하는 것으로만 가정한 것이다. 이런 문제가 발견된 뒤에, 각각의 사람들에게 자신이 회의 체계로부터 벗어났는지를 알려 주는 '확인' 모니터 방식이 도입되었다. 하지만 이

• 정합적 계산 절차를 통해서가 아니라 어떤 단서(cue)나 시그널에 의존해 의사 결정에 도달하는 방식. 모든 정보를 알 수 없는 불확실성하에서 의사 결정에 도달하기 위해 시그널을 지름길로 활용하는 것이다.

방식으로도 — 당신이 다른 사람의 눈을 봄으로써, 그가 당신을 보고 있다는 것을 알게 되는 — 면대면 회의와 비슷한 환경을 제공할 수 없다. 확인 모니터는 당신이 당황스러운 상황에 노출되는 것은 막아 줄지언정, 다른 사람이 당신을 지켜보고 있는 때를 알려 줄 수는 없는 것이다.

그러므로 새로운 대화방식을 설계하고 시험해 본 사람들조차도 익숙하지 않은 상황에서 여러 겹의 메타지식을 통해 소통할 수는 없다. 공유 지식은 면대면 만남을 통해서 형성되고, 경험으로부터 비슷한 상황을 유추해 형성된다. 나는 습관적으로 빨간불이 켜지면 차를 세우지만, 그런 행동에 완전한 논리가 필요하다면, 그것은 무한한 반복이 요구되기 마련이다. 나는 다른 사람들이 정지하리라고 생각하므로 차를 세운다. 다른 사람들이 나 또한 정지하리라고 예상하는 것을 나는 안다. 이런 반복이다.

인지cognition의 관점에서 바라보면, 공유 지식이 우리가 사는 세상의 일부를 이루고 있다는 사실을 알 수 있다. 예를 들어, 실험심리학자들이 아이들에게 "아이스크림 파는 차가 어디에 있는지를 메리가 알고 있는지 존은 알까?"라고 물어보면, 특정한 나이(약 7살)에 이른 아이들은 곧잘 대답하지만, 그보다 어린 아이들은 그렇지 못했다(Perner and Wimmer 1985). 침팬지는 다른 침팬지나 사람의 시선을 따라갈 수 있지만, 먹이를 달라며 조를 때에는 (조르는 동작을 볼 수 없는) 눈을 가린 사람과 입을 가린 사람을 구별하지 못하는 것으로 나타난다[즉, 눈을 맞춰야 조정이 이루어지는 걸 알지 못한다](Povinelli and O'Neill 2000). 윌리엄 호튼과 보아즈 케이저는 실험 연구를 통해서, 애초부터 뭔가 말하려던 생각이 있는 사람은 듣는 이의 지식을 고려하지 않는다는 사실을 보여 주었다. 이때 공유 지식은 "감시 기능을 가진 교정 메커니즘의 일부"로 나중에야 나타나서, 언표된 내용을 수정하게 된다(Horton and Keysar 1996, 94). 신경학neuroscience의 최근 연구는 '마음 모듈mind module 이론'을 제시했다. 마음 모듈은 뇌의 안와전두피질orbitofrontal cortex*에 위치해서, 사람들로 하여금 다른 사람의 마음 상태를 이해하게 해준다. 이 연구에 따르면, 자폐증은 이런 모듈의 손상에서 비롯된다(Baron-Cohen 1995; '사회적 뇌'에 대한 Brothers 1997도 참조). 그러므로 공유 지식은 단지 이념형에 그치지 않고, 경험적 연구가 가능한 개념이다. 사회적 행위만이 아니라 심리학, 진화 생물학, 신경학 등에서도 적용될 수 있다.

의미와 공유 지식

이 책의 핵심 주장은 의례와 같은 문화적 행위를 이해하는 데 있어서 그 내용뿐만 아니라 공지성 — 보다 정확히는 공유 지식 산출 — 이 중요하게 고려되어야 한다는 것이다. 하지만 이런 구분이 분석적으로는 유용하지만, 내용과 공지성은 분명하게 구분될 수 없고, 흥미로운 방식으로 상호작용을 하게 마련이다.

공지성과 내용을 구분함으로써, 우리는 분석적 유연성을 가질 수 있다. 대니얼 부어스틴은 이렇게 말했다. "유명인celebrity은 널리 이름이 알려

---

* 전두엽의 한 부분으로 눈과 가까우며 후각 수용기에서 오는 정보를 받아들인다.

짐으로써 유명한 사람이다. …… '국왕께서 사용하였다'라는 문구를 사용하는 광고는 국왕이 추천하는 양 선전하는 게 분명하다. 하지만 왕은 실제로 위대한 사람이고, 빛나는 혈통에, 실질적으로나 상징적으로 권력을 지닌 사람이었다. …… 그는 단지 유명인에 그치는 게 아니었다"(Boorstin 1961, 5, 57-59[14, 94쪽]). 하지만 우리가 살펴본 대로, 왕의 '실질적' 권력은 왕실 행차과 같은 '의사 사건'으로 구성된다. 의사 사건은 보통 "자기 충족적 예언이 되고자 한다"(Boorstin 1961, 12[34쪽]; 명성에 대한 Cowen 2000도 참조). 기 드보르에 따르면, 이전에는 "권력이 신화적 질서라는 외양을 띠었다면," 오늘날 '스펙터클 사회'는 "스스로 생산되고, 그 자신의 규칙을 수정해 나간다. 그것은 신성함의 가장된 표현이다"(Debord [1967]1995, 20[]). 여기서 주목할 대목은 메시지의 내용이 '참'인지 여부가 때론 중요하지 않다는 것이다. 루이스는 이렇게 말한다. "어떤 사람들이 지하철에서 헤어졌다가 찰스 가街에서 우연히 다시 만나게 되었다. 내가 이 사실을 당신에게 어제 얘기해 주었다면, 그리고 오늘 우리가 같은 식으로 헤어지게 된다면, 각자가 찰스 가로 가서 기다리게 될 것이다. 내가 당신에게 들려준 이야기가 사실이건 아니건, 혹은 당신이 그것을 사실로 받아들이든 말든, 혹은 내가 그것을 사실이라고 여기건 아니건, 혹은 내가 그것을 사실이라고 밝혔든 그렇지 않든 어쨌든 아무 상관이 없다. 먼저 들려준 이야기가 허구라 하더라도 실제와 마찬가지의 효과를 거두게 될 것이다"(Lewis 1969, 39).

하지만 내용과 공지성이 실제로 분리될 수 없는 이유는, 모든 의사소통에는 이미 가정된 청자가 있다는 단순한 사실에 있다. 존 오스틴(Austin 1975)의 용어를 따르면, 발화 행위는 '언표화된'locutionary 글자 그대로의 의미뿐만 아니라, 주어진 조건에서 발화자의 의도가 드러나는 '언표되지 않은'illocutionary 의미도 포함한다. 예를 들어, "그래, 나는 당신과 결혼할 거야"라는 언급은 둘 사이에 사적으로 말할 때와 친구들이 있는 자리에서 공개적으로 말할 때 각기 다른 의미를 갖는다. 아마도 이 책은 '내용'과는 구별되는 '공지성'의 문제를 다룬다기보다는, '언표되지 않은' 의미에 대해 논의하고 있다고 볼 수도 있다.

내용과 공지성은 흥미로운 방식으로 상호작용할 수 있다. 때로는 내용이, 공지성에 대한 고려를 포함한 사회적 상황을 지칭할 수 있다. 베스트셀러 도서 표지에 "5백만 부 이상 판매"라고 붙인다면, 이 문장은 이 책의 '텍스트'의 일부이다. 책에 사용된 언어는 [그 언어권] 어떤 독자를 염두에 두고 있다. 중세 러시아의 성화聖畵를 그리는 화가들을 위한 교과서에는 이렇게 적혀 있다. "그림의 오른쪽 편은 왼쪽인 것처럼 여기고, 반대로 왼쪽은 오른쪽인 것처럼 여기거라. 다시 말해 그림을 바라보는 것은 우리의 시점이 아니라 우리와 마주하고 있는 사람의 시점이며, 그 사람은 묘사된 세계 안에 존재한다고 상상되는 내부의 관찰자이다"(Uspensky 1975, 34). 여기서 성화의 내용은 관찰자가 이 그림과 맺고 있는 관계에 대해 화가가 이해하는 바를 표현하게 된다.

마이클 프라이드는 현대 조형예술을 '공개적인', 혹은 '연극적인' 것으로 규정한다. 그는 '오브제성'objecthood*을 포함한 다양한 차원에서 이런

---

* 오브제란 예술과 무관한 일상 용품이나 자연물 등을 본래의 용도에서 분리해 작품에 사용해 새로운 느낌을 일으키는 물체를 말한다.

특징을 조명했다. 연극적 조형물은 "전체성, 독자성, 분리 불가능성을 강조한다. …… 작품의 존재는 최대한 '유일한 것'이고, 하나의 '특수한 오브제'Specific Object이다"(Fried 1967, 12, 20). 좋은 사례는 토니 스미스Tony Smith의 높이 2미터 가량의 정육면체 작품 〈죽다〉 Die이다. 다른 한편, 앤서니 카로Anthony Caro가 만든 조형물은 "I자형 빔, 대들보, 원통, 긴 파이프, 얇은 철판, 석쇠 등으로 구성되어 있는데, 이 조각의 의미는 그런 물건들이 혼합됨으로써 나타나는 '오브제'object가 아니라, 그들이 서로 얽혀서 원형 그대로 '병치'juxtaposition된 상태에서 찾을 수 있다." 만일 '공개적인' 것과 '연극적인' 것을 공유 지식의 관점에서 이해한다면, (스미스의 작품처럼) 단일화된 오브제는 연극적일 것이다. 왜냐하면 각각의 관찰자는 다른 사람들도 비슷한 방식으로 관찰하고 있다는 사실을 알기 때문이다. (반면 카로의 작품처럼) 여러 상호작용하는 요소들이 모여 있는 조형물을 바라보는 관찰자는 다른 사람들은 그것을 다른 방식으로 바라보고 이해할 것으로 예상하게 될 것이다.

그런 하나의 단일한 이미지가 공유 지식을 형성하기 쉽다는 것은 상업 기획 영화의 판촉을 통해서도 알 수 있다. 저스틴 와이어트(Wyatt 1994, 112)는 1975년에 제작된 스티븐 스필버그의 영화 〈죠스〉 Jaws와 로버트 알트만의 〈내쉬빌〉 Nashville의 광고를 비교했다. 〈죠스〉의 광고는 거대 상어가 알몸의 여성을 먹어 삼키려는 찰나를 담고 있지만, 〈내쉬빌〉은 "청색 배경에다가 영화에 등장하는 24명 배역들의 얼굴을 누비 이불 모양으로 그려 넣었다." 와이어트는 신문의 인쇄 품질이 떨어지는 걸 감안하면, 영화 광고에서 "깨끗하고 대담한 이미지"가 중요하다고 말한다. 하지만 강력한 단일의 이미지는 공유 지식을 낳는 데에도 유리하다. 와이어트는

〈죠스〉의 판촉 전략이 단일의 충격적인 이미지에 기초했는데, 이후의 모든 상업 기획 영화들이 이런 패턴을 좇아갔다고 본다. 반면, 〈내쉬빌〉은 "연인과 웃기는 사람들, 패자와 승자의 이야기"라는 광고 카피에서 보듯이, 평단의 찬사에도 불구하고, 흥행에서는 실패작이었다. 그 이후로, 단일의 판촉 이미지는 트렌드를 이루었다. 〈터미네이터2〉나 〈인디펜던스데이〉 같은 제목의 영화들도 'T2'나 'ID4'와 같은 줄임말로 만들었다(Cowen 2000, 17; Wyatt 1994, 25도 참조).

물론 어떤 의사소통이 갖는 의미는 기존 사회의 이해 방식이라는 맥락에서만 완전히 파악될 수 있다. 1964년 토니 슈월츠가 만든 일명 '데이지'Daisy는 역사상 가장 효과적인 텔레비전 선거 광고였다. 이 광고는 한 소녀가 데이지 꽃잎을 세는 것으로 시작한다. 자연스럽게 카운트다운으로 이어져 핵폭발이 일어난 뒤에, 검은 바탕에 흰 글씨로 "11월 3일에 존슨 대통령에게 투표합시다"라고 나오며 끝난다. 슈월츠에 따르면, 이 광고는 "엄청난 논쟁을 불러일으켰다. 많은 사람들, 특히 공화당원들은 이 광고가 배리 골드워터 상원의원[당시 존슨의 경쟁자였던 공화당 대선 후보]을 대단히 호전적인 사람으로 몰고 갔다고 분개했다. 하지만 **이 광고 어디에도 골드워터라는 이름은 나오지 않는다.** 골드워터에 대한 간접적 언급조차도 없었다. …… 골드워터 상원의원은 이전에 전략적 핵무기 사용을 지지한다고 밝힌 바 있다. 이 광고는 많은 사람들에게 골드워터가 핵무기를 실제로 쓸지도 모른다는, 많은 사람들 속에 내재해 있던 뿌리 깊은 감정을 **환기시켰다.** 이런 불신은 데이지 광고 안에 있는 것이 아니었다. 불신은 그 광고를 보는 사람들 안에 있었다. 영상과 소리의 자극은 이런 느낌을 환기시켰고, 그들의 내면적 믿음을 표출하도록 유도했다"(Schwartz

1973, 93). 광고를 본 시청자는 자신에게 골드워터에 대한 두려움이 일고 있음을 알게 되고, 다른 사람들도 비슷하게 반응할 것이라고 인지할 것이다. 그러므로 이 광고는 이렇게 공유된 걱정이 표출되게 만들었고, 공유 지식을 형성했다. 이것은 이 광고를 본 사람들의 특성 (이 광고는 '월요 심야 영화' 프로그램에서 송출되었다) 때문만은 아니고, 광고의 내용 자체 때문만도 아니다. 슈월츠가 고안한 대로, 사람들의 기존 이해 방식과 상호작용해서 효과를 발휘했던 것이다.

이런 논의들은 피상적인 수준에 머물고 있다. 어떤 의사소통을 당신이 어떻게 이해하는지에 대해 내가 이해하는 방식은 우리의 공유된 상징체계와 세계관에 달려 있다. 엘리자베스 튜더의 왕실 행차는 하얌 우루크 Hayam Wuruk의 이야기를 듣게 되는 청자의 관점에서는 이해할 수 없을 것이고, 반대의 경우도 마찬가지다. 데이비드 레이틴은 1986년 출간된 자신의 책에서 1976년, 나이지리아에서 연방이슬람항소법원Federal Sharia Court of Appeal을 설립하는 문제를 다루고 있는데, 이는 자칫하면 전면적인 종교 분쟁이나 전쟁으로까지 비화될 수 있는 사안이었다(Laitin 1986). 기독교인과 무슬림이 반반씩이었던, 나이지리아 서부에 위치한 요루바 족Yoruba 지역은 이 법원 설립 논쟁에서 결정권을 쥐고 있었다. 하지만 요루바 족 대표들은 온건한 입장을 견지했고, 그것이 국민적 타협의 초석을 놓았다. 레이틴은 이 문제를 헤게모니의 관점에서 다음과 같이 설명한다. 요루바 인들에게는 종교가 아니라 대대로 조상들이 살았던 도시ancestral city가 정치적 동원 및 갈등의 원천이라는 점이 상식이었다.* 요루바의 기독교인들은 이슬람 법원 설립을 위협으로 느끼지 않았는데, 이는 요루바의 무슬림들이 이 문제를 종교적 분쟁이 일어날 사태로 받아들이지 않을 것임을 알고 있었고, 무슬림들도 기독교인에 대해 마찬가지 생각을 가지고 있었기 때문이었다. 여기서 핵심은 공유 지식의 산출 여부가, 다른 사람들이 의사소통을 어떻게 이해(혹은 해석)하는지에 대해서 각자가 어떻게 이해(혹은 해석)하고 있느냐에 달려 있다는 것이다.

경합하는 공유 지식

여태까지 우리는 합의 가능한 조정 문제에 대해 다루었다. 하지만 사람들이 조정에 이르는 방식에 대해서는 이견을 가질 수도 있을 것이다. 러셀 하딘이 보기에, 국가 권위가 유지되려면 "정부 수준에서는 조정이 성공하고, 대중적인 반대파 수준에서는 조정이 실패해야 한다. 국가는 모든 사람을 총구 앞에 세울 필요는 없다. 집단적으로 법질서에 대항해서

• 오늘날 요루바 민족으로 불리는 사람들은 19세기까지 각기 독립된 왕국과 도시를 중심으로 구별된 정치 공동체를 형성했다. 레이틴에 따르면, 요루바에서는 이슬람교도와 기독교도가 서로 대립하기는 해도, 이슬람교도가 된다거나 기독교도가 된다는 점 자체는 요루바 인들이 정치 영역에서 행동하는 방식에 아무런 영향도 미치지 않는다. 종교가 책임성과 권위, 이슬람 사원 또는 기독교 교회에 대해 생각하는 방식에는 영향을 주지만 그 영향이 정치 영역으로까지는 확대되지 않았던 것이다. 요루바 인 스스로는 그 종교가 자신들의 전통적인 문화유산의 본질적인 요소는 아니라고 생각했기 때문이다(헤라르도 뭉크·리처드 스나이더 인터뷰, "데이비드 레이틴: 문화와 합리성, 그리고 비교정치학의 정체성", 『그들은 어떻게 최고의 정치학자가 되었나 3』, 정치학강독모임 옮김, 후마니타스, 2012; 한건수, "경합하는 역사: 사회적 기억과 차이의 정치학", 『한국문화인류학』 35-2, 2002 참조).

얻을 수 있는 이득이 있더라도, 개인적으로는 법을 지키는 것이 자신에게는 반드시 이득이라는 사실을 분명하게 만들면 된다"(Hardin 1995, 30). 사람들은 조정 문제를 둘러싸고 갈등하고, 공유 지식은 조정을 이루는 데 유익하므로, 공유 지식 산출을 위한 메커니즘을 놓고 다투게 된다. "폴란드에서 자유노조Solidarity를 창설하기 위해 체길스키Cegielski[중장비업체]에서 현장 주임의 눈을 피해 조직 회의가 열리곤 했다. 출퇴근하는 버스나 열차, 공장의 구석진 곳, 혹은 점심 식사 시간을 활용했다. 이런 장소는 주어진 게 아니었다. 자유노조를 세우기 위해 투쟁하던 사람들이 만든 것이다"(Lawrence Goodwin, Scott 1990, 123에서 인용). 한편, 미국 일리노이 주의 디케이터Decatur 시에서 소규모 라디오방송을 진행하는 나폴레옹 윌리엄스가 말한 대로, "이 나라에서 당신은 조립된 우지Uzi 기관총을 살 수 있지만, 조립된 FM 라디오 송신기를 사는 것은 불법이다"(Burke 1997). 셸링이 말하길 "스퀘어댄스[한 쌍씩 짝지어 네 쌍이 마주 보고 추는 춤·옮긴이] 참가자는 어떤 춤을 추라는 요구가 떨어지면, 그에 대해 모두가 불만이라 할지라도 춤을 정하는 사람이 마이크를 쥐고 있는 한, 아무도 다른 춤을 출 수는 없다"(Schelling [1960]1980, 144[201쪽]). 공정하고 동등한 의사소통 능력을 가져야만 공정한 결과를 낳을 수 있다는 생각은 사회 이론으로 정립될 만큼 기본적인 것이다(Habermas 1989).

사람들이 공유 지식 산출을 놓고 다툰다는 것은 자명한 이치지만, 이는 문화적 갈등의 중요성을 이해하는 데에도 도움을 준다. 문화적 행위는 대개 상부구조superstructure로 인식된다. "예를 들어, 미국 노예제 사례에서, 지배계급 권위의 장식물trappings이나 흑백 간 상징적 교환에 대한 이야기는 흥미로운 사실을 드러내 준다. 하지만 여기에는 가혹한 현실 조건을 형식form과 연극으로 치환해 버리는 측면이 있다"(Walters 1980, 554). 하지만 공유 지식 산출이라는 보다 넓은 맥락에서 볼 때, '연극'은 실제로 강력한 힘을 갖는다. 미국 노예제에서 노예에게 읽고 쓸 줄 알도록 교육하지 못하게 막은 것은 백인 지배의 '장식물'에 그치지 않았다. 그것은 의사소통을 억압하고, 더 나아가 반역을 막기 위한 조처였다. 흥미롭게도, 문자언어의 진정한 힘은 의사소통이 공개적이며(신호를 줄 수 있다) 원거리에서도 가능하다는(다른 농장의 노예들에게도 전달할 수 있다) 데 있다. 면대면 관계에서 대화하기란 쉽다. 면대면 수준에서조차 "백인의 감시 없이 5명 이상의 노예가 모이는 것은 어떤 곳에서도 허용되지 않았다"(Raboteau 1978, 53; Scott 1990에서 재인용). 이에 저항해 노예들은 "조용한 나무 그늘"에서 은밀히 대화하거나, 공개적으로 불리는 영가靈歌 구절에 숨겨진 의미를 담았다('가나안'Canaan은 북부와 자유를 의미했다[Scott 1990, 116]). 이런 투쟁은 단지 '상징적인' 것이 아니라, 탈출 시도와 같이 조정된 행동을 할 수 있도록 의사소통의 인프라를 구축하려는 것이었다.

리처드 라이트는 자전적 소설인 『깜둥이 소년』Black Boy에서 백인 현장 주임인 올린 씨가 그와 해리슨이라는 다른 노동자를 어떻게 다루었는지 묘사하고 있다. "해리슨과 나는 우연히 서로 알게 되었지만, 우리 사이에 사소한 다툼조차도 일어나지 않았다. …… '너, 해리슨 알아?' 올린 씨는 나직하지만 확신에 찬 어조로 물어 왔다. '얼마 전에 내가 콜라를 마시려 내려갔는데, 해리슨이 건물 앞에서 칼을 들고 서있더라구. …… 걔가 너를 해치겠다고 하던데. 네가 걔를 욕했다면서. 우리 작업장에서 더 이상 싸움이나 유혈 사태는 없어야 해.' …… '해리슨을 만나서 직접 얘기해 봐야 겠는걸.' 나는 혼잣말로 중얼거렸다. 그러자 올린 씨는 말했다. '너,

그러지 않는 게 좋을 거야. 차라리 우리 백인 청년들이 걔를 만나 보게 하는 게 낫겠어.'" 나중에 라이트는 해리슨이 지하실에 혼자 있었다는 것을 알게 된다. "'말해 봐, 해리슨. 이게 다 어떻게 된 일이니?' 나는 1.5미터 정도 떨어져서 조심스럽게 물어보았다. …… 해리슨이 말했다. '나 너한테 화난 거 없어.' '제길, 난 네가 날 찌르려고 한 줄 알고 있는데 ……' '올린 씨가 아침에 여기 와서 네가 나를 칼로 찌르려 한다고 전해 주더라. 내가 네 욕을 해서 네가 완전히 미쳐 있다는 거야. 하지만 난 너에 대해 아무 말도 한 일이 없잖아.' …… 해리슨은 말을 더듬으며 주머니에서 길고 반짝이는 칼을 꺼냈다. 이미 칼집에서 칼을 뺀든 상태였다. …… '너 날 찌르려고 한 거니?' 내가 물었다. '네가 날 찌르려 하면, 내가 먼저 찌를 작정이었어.' 해리슨이 말했다"(Wright 1945[1993], 235-237). 여기서 라이트와 해리슨은 조정 문제에 직면했다. 각자는 싸우지 않길 바라지만, 상대방도 그러하다는 전제가 필요하다. 아무도 화나지 않았지만, 해리슨은 라이트가 화났는지 어떤지 모르므로 칼을 가져왔다. 사실, 해리슨은 라이트가 화나지 않았다는 것을 알았더라도, 해리슨은 자신의 마음 상태를 라이트가 알 것이라는 확신이 없으므로 칼을 가져왔을 것이다. 이런 조정 문제를 풀기 위해서는 공유 지식이 반드시 필요한데, 이를 가로막으려고 올린 씨는 두 사람 간의 의사소통을 방해하고, 백인 소년들만 말할 수 있게 했다.* 라이트의 일화는 백인의 기만에 대한 것일 뿐만 아니라,

---

* 소설에서 라이트는 멤피스의 안경 회사에서 알 닦는 일을 하는데, 길 건너편 경쟁 회사의 같은 또래 흑인 노동자가 해리슨이다. 양쪽 회사의 백인들은 두 소년을 기만해 서로 칼로 찌르게 하려 했는데, 두 소년은 어렵사리 이를 모면하게 된다. 하지만 5달러를 주겠다며 둘 간의 권투

혹인들한테 왜곡되지 않은 '공론장'public sphere이 반드시 필요하다는 사실을 보여 주는 일화이기도 하다.

간다나 마틴 루터 킹 목사 같은 사람은 대중 집회를 조정할 때, 전문가에 비견될 만한 연극적 감수성을 가졌다고 알려져 있다. 1990년대 미국에서 '액트 업'ACT UP, Aids Coalition to Unleash Power* 조직도 이런 선례를 따랐다. 그들은 결혼이나 장례 같은 의례를 정치적 선언으로 전환시켰다(예를 들어, 에이즈 사망자의 시신을 태운 재를 백악관 앞 잔디밭에 뿌렸다). 상상할 수 있는 모든 공공장소를 혼란스럽게 만들었다. 뉴욕 시의 경우, 중앙역Grand Central Station, 뉴욕 증권거래소, 세인트 패트릭 성당, 시 스타디움Shea Stadium[미국 프로야구팀 뉴욕 메츠의 홈구장으로 사용되었던 경기장], 수많은 기자회견장과 정치 후원회장을 엉망으로 만든 것이다. 액트 업의 언론 위원회에 텔레비전 프로듀서, 언론인, PR 전문가, 광고 회사의 미술감독 등이 자발적으로 참여했다는 사실은 주목할 만하다(Signorile 1993). 간디가 연극적 감수성에 의존했다면, 액트 업은 전문적 광고 기법에 의존한 것이다.

1984년에 IBM이 개인용 컴퓨터 시장을 장악하고 있을 때, 애플 사는 새로운 매킨토시 컴퓨터를 선보이면서 텔레비전 광고로 조지 오웰의 소

시합을 부추기자 해리슨이 여기에 넘어가 둘은 링에 오른다. 그리고 싸우는 시늉만 하자던 게 막상 링에 오르니 점점 과격해져 둘 다 피투성이가 되고 만다. 두 공장의 백인들은 서로 의사소통을 통해서 혹인 소년들을 골탕 먹일 수 있었지만, 혹인 간에는 소통이 부재해서 이런 비극적 상황을 맞게 되었던 것이다(리처드 라이트, 『깜둥이 소년』, 이충률 옮김, 푸른 미디어, 1998, 12장 참조).

* 에이즈에 대한 편견과 무관심에 맞서 정부의 에이즈 대책 강화를 요구하며 1987년 미국 뉴욕에서 결성되었다. 현재는 미국 전역은 물론 전 세계적인 단체로 성장했다.

설 『1984』를 자연스럽게 이용했다. 한 여성 해머 던지기 선수가 형형색색의 매킨토시 로고가 찍힌 옷을 입고 대강당에 들어선다. 강당에는 회색 좀비들이 줄지어 서서 대형 텔레비전 스크린에 나타난 빅브라더Big Brother[정보를 독점해서 사회를 통제하는 관리 권력]를 멍하니 쳐다보고 있다. 빅브라더가 "우리는 승리할 것이다"라고 외치는 사이, 해머가 날아가서 스크린을 박살낸다. 스크린을 보고 있던 좀비들은 입이 쩍 벌어져서 폭발 일보 직전이다. 이때, 자막과 화면 해설이 흘러나온다. "1월 24일, 애플사는 매킨토시 컴퓨터를 선보입니다. 여러분은 올해 1984년이 왜 『1984』처럼 되지 않는지 알게 될 것입니다"(Rutherford 1994, 140-141). 여기서 매킨토시라는 해머는 공지성의 메커니즘을 붕괴시킨다. 다시 말해, 매킨토시는 빅브라더를 무찌르고 스크린을 대신 차지하게 되는 게 아니라, 빅브라더를 유지시켜 주는 통신수단을 파괴한다. 하지만 파괴는 그 자체로 공개적인 사건이다(우리는 파괴로 인한 좀비들의 반응을 목도할 수 있다). 스크린은 단지 정전으로 멈춘 게 아니라 폭발했다(정전이었다면, 당신은 옆 사람 또한 이 사건으로 영향받으리라는 것을 알 수 없다). 이런 모호성 덕분에 애플은 독점적 상품에 대한 거부감을 가진 사람들에게 호소력 있게 다가갔다. 하지만 이런 비타협적인 내용을 슈퍼볼 시간에 광고했다는 아이러니에 대해 광고 전문지인 『애드버타이징 에이지』Advertising Age는 다음과 같이 논평했다. "애플은 교묘한 왜곡을 통해서 매킨토시를 출시했지만, 그것은 오히려 빅브라더가 자부심을 가질 만한 내용이었다"(Johnson 1994).

그러므로 슈퍼볼 경기의 공지성을 공격하기보다는 이용하는 게 더 효과적일 수도 있다. 1993년 슈퍼볼 경기 사흘 전에, 가정 폭력에 반대하는 시민 단체가 기자회견을 열어 평상시보다 슈퍼볼 경기 후에 남편들이 아내를 더 많이 구타한다는 증거를 제시했다. 이 단체는 경기 방송 중단을 요구한 게 아니라, NBC 방송사가 슈퍼볼 방영 시간에 가정 폭력을 다루는 내용을 내보내라고 요구했다. NBC는 식전 행사를 방영하는 시간대에 이 단체에 30초를 제공했다. 미식축구에 대한 언급은 전혀 없이 감방에 있는 한 남자를 보여 주며 공익광고를 내보낸 것이다(Gorov 1993; Lipsyte 1993). 많은 신문 기사에서 슈퍼볼과 가정 폭력의 연관성에 대해서 회의를 표시하며 해당 광고를 공격했지만, 그 자체가 이 광고의 영향력을 방증했다(대표적으로 Ringle 1993; Cohen and Solomon 1993도 참조).

여기서 핵심은 슈퍼볼 경기 광고를 통해 이 단체는 그 어느 때보다 더 공개적으로 가정 폭력을 국가적 의제로 부상시켰다는 데 있다. 그들은 이 문제에 오래 가는 '낚시 바늘'을 달아 매년 그것을 공론화하거나 환기시키는 효과를 거두었다(예를 들어, Isaacson 1996). 이런 전략은 1968년 8월의 '미스 아메리카' 미인 대회에 대한 반대 시위를 참조한 것이었다. 시위대는 "여성해방"이라는 펼침막을 들고 텔레비전 생방송을 방해하고, 브래지어와 가짜 속눈썹, 그리고 코스모폴리탄지를 '자유 쓰레기통'이라는 곳에 던져 넣었다. 언론은 이 행위에 대해, 정확한 묘사는 아니지만, '브래지어 태우기'bra-burning라고 이름 붙였고, 덕분에 오래도록 사람들의 기억에 남게 되었다. 1994년 이후에 슈퍼볼이 개최되는 일요일마다, '로버트 마키'Robert Markey라는 화가는 뉴욕 중앙역에 '점수판'을 설치해서 경기 시작이후 현재까지 각 팀의 득점 현황과 함께 같은 시간동안 매 맞는 여성의 숫자를 기재해 보여 주었다. 이에 따르면, 여성들은 15초마다 한 명 꼴로 폭력에 노출되어 있다(Cheng 1996). 여기서 실제로 슈퍼볼이 가정 폭력에 영향을 주는지를 가려낼 필요는 없다. 평균 숫자만으로도 충격적이라는 사실이 중요하다. 이런 행위들은 미식축구와 폭력 간의 연관성을 부각시키지만, 동시에 그것의 공개적인 성격publicness에 주목해야 한다. 중앙역의 커다란 점수판은 가정 폭력의 심각성을 보여 주면서, 이전에는 슈퍼볼 경기만큼 공개적이고 공식적으로 드러나지 않았던 가정 폭력을 토론 거리로 만든 것이다.

공유 지식과 역사

역사적 선례도 공유 지식을 산출하는 방법 가운데 하나라 할 수 있다. 예를 들어 보자. "만일 전화가 끊기더라도 제가 기다릴 테니 다시 전화를 거세요. 그래도 끊길 수 있지만, 전 계속 기다릴 겁니다"(Lewis 1969, 36). 이 말에는 1977년 5월 28일 비벌리힐스 나이트클럽에서 대형 화재가 발생했을 때, 종업원들이 손님을 대피시켰던 방식이 잘 드러나 있다. "종업원들은 자신이 담당하는 방의 손님들이 안전하게 대피하도록 했고, 손님들에 대한 분명한 책임감을 보여 주었다. 하지만 같은 건물의 다른 점포 고객들에게는 그러지 않았다." 미국 역사상 가장 참혹한 화재 중 하나였던 이 사건으로 164명이 죽었다. 리처드 베스트는 그 당시 사전에 합의된 대피 계획은 없었다는 사실을 강조한다. "각각의 종업원들에게 역할 분담이 되어 있지 않았다"(Best 1977, 73). 웨이터와 웨이트리스가 각자 자신이 맡고 있는 테이블의 손님들만 대피시켰다고 해서 그들을 무정하다고 단정 지을 순 없다. 대피 계획에 대해 공개적으로 소통하지는 않은 상태에서 종업원들이 조정에 다다를 수 있는 유일한 길은 선례를 따르는 것뿐이었다(Canter 1980도 참조).

상업 기획 영화들을 위해서는 막대한 광고만이 아니라 '이전에 인기를 끌었던 제품'이 있어야 한다. 〈죠스〉는 원작이 베스트셀러 소설이었고, 〈딕트레이시〉, 〈슈퍼맨〉, 〈아담스 패밀리〉같은 영화는 고전적인 연재만화나 텔레비전 연속극에 기초하고 있다. 이에 대해서 어떤 사람들은 상업 기획 영화에 제작 및 광고비가 엄청나게 들어가므로, 제작사가 이미 수익성이 증명된 이야기를 활용하려는 것으로 해석한다(Wyatt 1994, 78). 하지만 〈딕트레이시〉, 〈슈퍼맨〉, 〈아담스 패밀리〉의 원작이 아무리 엄청난 수입을 올렸더라도, 그것은 영화화되기 수십 년 전의 일이다. 이런 캐릭터들은 하나의 공유 지식으로 자리 잡았는데, 그것은 최근의 대중적 성공 때문이 아니라 그들의 역사가 있고, 관심 없는 독자들에게도 연재만화나 심야 텔레비전 프로그램으로 매해 반복해서 전달되어 왔기 때문이다. 공유 지식의 관점에서 역사는 공지성과 같은 것이다. 내가 영화 〈인디펜던스데이〉 광고를 볼 때, 나는 다른 모든 사람들이 이 영화에 대해 어느 정도 안다는 것을 알 수 있다. 왜냐하면 그 엄청난 물량의 광고를 확인했기 때문이다. 내가 〈아담스 패밀리〉 광고를 보았을 때도, 다른 모든 사람이 이 영화에 대해 어느 정도 안다는 것을 알 수 있다. 왜냐하면 누구나 '아담스 패밀리'에 대해 알고 있기 때문이다.

토머스 셸링은 조정 문제가 '초점'focal points을 통해서 해결될 수 있다고 주장했다(Schelling [1960]1980). 고전적 사례를 들어 보자. 두 사람이 뉴욕시 어딘가에서 만나고자 하는데, 시간을 미리 정했지만, 장소는 확정하지 않았다. 두 사람은 어디서든 서로 만나기만 하면 되지만, 시내에 존재하는 장소만큼이나 많은 수의 조정이 있을 수 있다. 하지만 이렇게 다양한 가능성에도 불구하고 사람들은 대개 엠파이어스테이트 빌딩이나, 중앙역 등을 선택한다. 다시 말해, '자명한' 무엇인가에 대해 공유된 신념은 설사 의사소통을 못하더라도 조정에 도달할 수 있도록 안내한다. 보다 최근에는 1989년 라이프치히 시위에서 어떻게 조정을 이루었는가 하는 사례가 있다. 이 시위는 결국 동독 정부를 붕괴로 몰고 갔다. 1982년부터 라이프치히 중심가의 니콜라이 교회는 매주 월요일 오후 5시부터 6시까지 평화를 기원하는 기도회를 열었다. "1989년 중반쯤 되자, 이 교회와 기도회는 사람들의 마음속에 그 지역의 반정부 하위문화와 연계된 저항의 '제도'로 깊이 각인되었다. 매주 월요일 오후 6시경에는 니콜라이 교회와 인근 교회에서 수많은 사람들이 예배를 마치고 거리로 쏟아져 나온다는 사실이, 모두에게 분명한 사실이 되었다. …… 작은 친교 집단들이 시내 중심가에서 월요일 오후에 모이는 일이 잦아졌고, 자연스럽게 교인들뿐만 아니라 일반인들까지 섞여 시위대를 형성했다"(Lohmann 1994, 67). 여러 해 동안 시위의 참가자가 많지는 않았지만(1천 명 미만), 매우 규칙적이었고, 역사가 오래되면서 결국에는 1989년 10월의 어느 월요일 오후에 자발적으로 32만5천 명이 참여한 시위가 가능했던 것이다(Opp and Gern 1993; Lohmann 1994).

우리가 살펴본 대로, 어떻게 조정할 것인가를 둘러싼 갈등에서 공지성의 메커니즘은 전략적인 자원이다. 그러므로 역사도 그런 자원이 될 것으로 예상할 수 있다. 프랑스혁명기에 기존의 조정 상황으로부터의 이탈을 추구한 혁명가들은 '신화적인 현실'에 호소하거나, 아니면 고대 그리스의 이상향에 호소하면서 최근의 역사를 부정하고자 했다(Hunt 1984, 27). 스콧

(Scott 1990, 101)은 반역의 수사rhetoric가 교회나 왕정 같은 기존의 보수적 제도에 의존하곤 한다는 사실을 지적한다. "프랑스와 이탈리아에서 16, 17세기 반란의 주동자들은 흔히 '마리아여 영원하라'Long Live the Virgin(Viva Maria)라고 외치며, 자신의 요구 사항을 내걸었다." 스콧은 이런 행동이 '허위의식'을 반영하는 게 아니라, 전략적인 타협이라고 강조한다. "그것은 왕이 위신을 지키면서도 청원을 받아들여 줄 수 있게 해주고, 청원이 실패하더라도 크게 화를 입지 않도록 방어해 주기도 한다." 여기서 우리는 부가적인 전략적 요소를 알 수 있다. "보수적인 헤게모니의 의례적 상징에 호소함으로써," 혁명가들은 공유 지식을 보다 수월하게 만들어 낼 수 있는 것이다. 이럴 경우 그들의 요구 사항을 듣게 된 사람은 다른 모든 사람들도 그것에 대해 적어도 어느 정도는 이해할 수 있을 것임을 알 수 있다.

만일 역사가 공유 지식 산출에 도움을 준다면, 아마도 공유 지식이 역사를 만들 수도 있을 것이다. 어떤 사회의 역사는 구성원들의 과거 경험의 집적에만 그치지 않는다. 과거의 사건들에 대한 기록, 해석, 집합적 '재기억're-remembering이 사회제도 안에서 일어난다. 폴 코너튼은 이렇게 말한다. "기억의 사회적 형성에 대해 연구한다는 것은 어떤 기억을 공통된 것으로 만들어 주는 전환 행위들acts of transfer을 분석하는 것이다. …… 과거에 대한 이미지와 재구성된 과거의 사실들이 (어느 정도 의례적인) 행위, 특히 기념행사 등을 통해 전파되고 유지된다"(Connerton 1989, 39-40). 에릭 홉스봄은 1870년부터 1914년 사이의 기간 동안 휘몰아친 '창조된 전통'invented tradition의 광풍을 발견했다. 남성들에게 보통선거권이 주어지면서 국가들은 '정통성'legitimacy 확보를 위해 대중들에 호소해야만 했고, 이를 전통의 창조와 연결시켰다. "이 시기에 실내외 운동경기장을 짓는 등

스펙터클과 대중적 의례 행사를 위해 근본적으로 새로운 건축에 몰두했다"(Hobsbawm 1983, 304-305[563쪽]). 케네디 암살은 미국의 전후 역사에서 가장 중요한 사건의 하나로 간주되어 왔다. 아마도 부분적인 이유는 "열렬한 헌정 행사란 작고 단순한 사회에서나 가능한 것인데, 이 사건을 통해 큰 규모의 근대 국민국가에서도 그런 행사가 비슷하게 재현될 수 있었기 때문이다"(Verba 1965, 354). 시드니 버바에 따르면, "이런 의례적 측면에서 가장 중요한 것은 피격 사건 그 자체는 아닐 것이다. …… 이 사건에 대한 반향이 공유되었다는 사실이 더 중요해 보인다. 텔레비전 앞에 모인 가족들이나, 지역공동체 행사나 교회 예배 시간에 모인 사람들 사이에서 그런 반향이 공유되었다. 하지만 가장 강렬하고 폭넓게 공유된 것은 그것을 보도하는 언론을 통해서였다. 이를 통해 사람들은 이 사건에 관련된 개개인들의 감정뿐만 아니라, 동료 미국인들의 감정까지 뚜렷하게 알게 되었다"(Verba 1965, 355). 마지막으로 1969년 뉴욕 시의 스톤월 술집Stonewall Bar에서 벌어진 폭동은 동성애자 운동사에서 전환점을 이룬 사건이다. 하지만 한 참가자에 따르면, 그 사건이 역사의 일부가 된 것은 폭동 자체보다는 일 년 뒤의 기념식 덕분이었다. "만일 사람들이 스톤월을 정치적 행진을 통해 기념하지 않았다면, 아무도 스톤월을 기억하지 못했을 것이다"(*After Stonewall* 1999).

공유 지식과 집단 정체성

사람들은 종종 매우 임의적으로 구성된 집단 내에서도 조정에 이르곤 한다. 나는 군에 입대해서, 마이애미에 있는 당신 가족을 보호하는 데 일조할 수 있다. 당신도 시카고에 거주하고 있는 내 가족을 보호해 주는 데 동의했기 때문이다. 하지만 왜 이런 동의는 [미국의 도시가 아닌] 토론토나 하바나에 있는 사람들과는 이루어질 수 없는 것일까? 사회적 연계만으로는 설명될 수 없다. 베네딕트 앤더슨이 말했듯이, "극히 작은 국가의 국민들도 동료 구성원 대부분을 알지 못하고, 만날 기회도 없으며, 심지어는 이름도 들어 본 일이 없을 것이다"(Anderson 1991, 6[25쪽]). 하지만 국민들은 의심의 여지없이 강력한 집합적 행위자이다.

앤더슨은 국가를 "상상된 정치적 공동체"라고 정의하는데, 여기서 "상상되었다"는 것은 본질적으로 공유 지식을 의미한다. "프랑스어, 영어, 스페인어에는 본래 수많은 용법이 있어서 서로 대화하는 게 매우 어렵거나 불가능할 지경이지만, 이들 언어를 쓰는 사람들은 인쇄 매체나 신문 등을 매개로 점차 소통이 가능해진다. 이 과정에서 사람들은 같은 언어권의 수십, 수백만 사람들을 점차 인식하게 되는 것이다. …… 이런 언어의 공유자들이 …… 국가로서 상상된 공동체의 맹아를 형성한다"(Anderson 1991, 6, 44[73쪽]). 앤더슨은 조간신문을 읽는 것을 "조용한 사생활에서 행해지는 …… 대중적 의식"이라고 불렀다. "각각의 독자는 그가 수행하는 이 의식이 수천(혹은 수백만)의 다른 사람들과 동시에 진행되고 있다는 것을 안다. …… [그가 인식하듯이] 제 손안의 신문과 똑같은 것이 지하철, 이발소, 혹은 이웃에서 소비되고 있는 것이다"(Anderson 1991, 35-36[61쪽]). 여기서 동료 독자가 읽고 있는 내용이 무엇인지는 그리 중요하지 않다. 중요한 것은 각각의 독자들이 다른 독자들도 같은 것을 읽고 있다는 사실을 안다는 점이다. 물론, 이런 논리는 국가에만 해당하는 것은 아니다. 메카를 향한 순례의 경우, "카바Kabba 신전 앞에서 어느 베르베르인이 말레이인을 만났다면, 이렇게 자문할 법하다. '우린 서로 말이 통하지 않는데도, 왜 이 사람은 여기서 나와 같은 단어를 읊조리면서 같은 행동을 하고 있을까?' 그 대답은 하나뿐이다. '우리는 무슬림이다'"(Anderson 1991, 54[85쪽]). 그것은 아마도 서로의 공통점이라는 자명한 사실만이 아니라, 그런 자명한 사실이 상호적이라는 데 있다. 우리가 함께 기도할 때, 내가 읊는 기도문을 당신도 알고 있으리라는 것을 나는 안다. 내가 안다는 사실을 당신이 안다는 것도 나는 알 수 있다. 이런 식이다.

클라크와 마셜이 지적했듯이, 같은 공동체에 속한다는 것은 공유 지식을 형성하는 한 방법이다. "기본적인 발상은 공동체 구성원 모두가 아는 어떤 사실이 있고, 그것에 대해 나 말고도 다른 사람 모두가 알고 있는 것으로 가정된다는 것이다"(Clark and Marshall 1992, 36). 동시에, 어느 정도는 공유 지식이 공동체를 만들어 낸다고도 볼 수 있다. 조셉 터로우는 1970년 이후 광고 산업은, 판촉의 초점이 일반 대중에서 틈새niche 시장으로 바뀌어 왔다고 지적한다(Turow 1997, 2). 왜냐하면 (케이블 방송, 인터넷, 전문지 등) 보다 '특정화된' 매체들이 급성장했고, 수요층을 특정화하는 데 요구되는 자료 수집과 통계 기법이 발달했기 때문이다. 이런 변화는 사회적 파편화를 낳았고, "전자 공간에서의 빗장 공동체gated community"를 만들었다.

집단 정체성이 의사소통을 통해서 형성된다는 주장은 새롭지 않다. 낸시 프레이저는 "사회적 맥락과 의사소통의 실천을 강조하고, 역사적으로 다양하게 변화해 온 담론 공간과 실천을 연구하는" 실용주의 이론pragmatic theories을 수용하자고 제안한다. "이 이론은 사회적 정체성을 복잡하고, 변화하며, 담론적으로 구성된 것으로 사유하도록 안내해 줄 것이다"(Fraser 1990, 100). 이런 이론을 위해서 공유 지식은 매우 유용한 개념이다.

남아프리카공화국[이하 남아공]의 아프리카민족회의African National Congress, ANC는 1994년 집권한 뒤에, 인종 화해를 위한 정책을 취했다. 예를 들어, ANC 소속 주 수상들은 아프리칸Afrikan[남아공에서 백인들이 사용해 온 언어]을 사용하도록 강조했다(Waldmeir 1997, 269). 이 과정에서 가장 중요한 상징적 행동은 1995년 5월에 요하네스버그에서 열린 럭비월드컵 결승전에 넬슨 만델라가 선수복을 입고 경기장에 나타난 사건이다. 대부분이 백인이었던 7만 관중은 처음에 어리벙벙해졌다가 차츰 "넬슨! 넬슨!"을 외치기 시작했다. 그 경기에서 남아공 팀이 승리하자, 전 국민이 축하 행사를 위해 뛰쳐나왔다. 하나의 집합적 순간이자, 공유 지식을 창출하는 사건을 통해, 오랫동안 인종차별 정책apartheid의 저주스런 상징이었던 럭비가 이제는 남아공 국민 모두에게 자부심의 구심으로 변한 것이다.* 데즈먼

---

* 남아공에서 인기 있는 양대 스포츠는 축구와 럭비였다. 축구는 흑인들이 주로 했고 럭비는 백인들이 즐겼다. 만델라는 인종차별을 대표하는 종목인 럭비를 흑백이 하나가 되는 장으로 만들고 싶다는 생각에서 1995년 남아공에서 럭비월드컵을 개최했다. 그리고 그는 월드컵 결승전에 주장 등번호 6번이 적힌 유니폼을 입고 나타났다. 남아공이 뉴질랜드를 꺾고 우승하자 우승 트로피를 백인 주장에게 직접 전달한 것도 만델라였다. 그 순간 인종차별의 상징이었던 럭비는 인종차별의 종말을 고하는 도구가 됐고 '팀도 하나, 국가도 하나'라는 대회 슬로건도 현실이 됐다. 6년 후에는 만델라의 또 다른 염원대로 월드컵 축구 대회가 열렸지만, 만델라는 건강과 증손녀의 죽음으로 경기를 제대로 관전하지 못했다. 하지만 폐막식 때 그는 휠체어를 타고 등장

드 투투 대주교에 따르면, 그것은 "우리 조국의 역사에서 결정적인 순간이었다. …… 우리 팀이 이겼을 때, 소웨토(요하네스버그 남서부의 흑인 거주 구역) 사람들이 춤을 췄다는 게 도통 믿기지 않는다. 내 생각에, 그것은 우리나라를 180도 뒤바꾸는 효과가 있었다. 실제로 사람들은 그것이 우리를 하나의 국민으로 만들어 준 경험이었다고들 한다"(*The Long Walk of Nelson Mandela* 1999).

했고, 9만 여명의 관중은 기립박수로 그를 맞았다. 그리고 그것은 만델라가 공식석상에 나타난 마지막 모습이 됐다.

4
결 론

서구 전통에서 합리성과 비합리성의 구분은 아리스토텔레스까지 거슬러 올라간다. 그는 "영혼의 비합리적 부분"은 "아이가 아버지에게 의존하듯이" 합리적 부분에 의해 설득되고, 훈계 받는다고 썼다(Aristotle 1976, 90). 이런 구분이 오도될 수 있고, 적어도 너무 단순하다고 말하긴 쉽다. 예를 들어, 인간의 감정과 의사 결정 간에는 신경학적 관련성이 있다는 연구 결과가 보고되어 왔다. 뇌 전두엽이 손상된 사람은 IQ 등으로 측정된 '일반적 이성' 능력은 멀쩡하면서도, 감정적 반응이 없어지고, 일상에서 의사 결정에 도달하지 못하는 현상이 발견되었다(Damasio 1994).

개인의 삶과 사회적 삶에 내재된 온갖 복잡성을 감안하면, 이런 단순한 구분은 그 정의상 이미 조악한 것이다. 하지만 사회를 일반적인 견지에서 이해하려면, 즉 한도 끝도 없이 세부 사실로 빠져 들어가지 않으려면, 우리는 단순하고 조악해 보이는 개념을 사용할 수밖에 없다. 예를 들어, 이 책은 개인의 생각과 행동에 대해 매우 단순한 개념을 도입하고 있으며, 그것을 넓게 적용했다. 그러므로 이론과 설명은 현실 그 자체보다도 훨씬 더 선명하게 구분될 수 있다. 예를 들어, 인간에게 '합리적 부분'과 '비합리적 부분'이 뚜렷이 구분된다고 말할 사람은 거의 없지만, 합리성에 기반한 설명과 비합리성irrationality 혹은 탈합리성nonrationality에 기반한 설명을 구분하는 것은 매우 자명해 보인다. 빌프레도 파레토Vilfredo Pareto는 이런 구분을 도입해서 경제학과 사회학을 구분지었다(Swedberg 1990, 11).

'이성 대 문화', '사고 대 감각', '계산 대 감정' 등과 같은 일련의 이분법과 관련된 이런 구분은 최근의 학계에서 쉽게 발견할 수 있다. 예를 들어, 장 코헨은 집합행동에 관한 논문에서 "전략이냐, 정체성이냐"라는 이분법적 제목하에, '자원 동원 패러다임'과 '정체성 동원 패러다임'을 구분했다. "자원 동원 이론에 연대성, 집합적 정체성, 의식意識, 이데올로기와 같은 차원이 도입되면 이론 틀이 붕괴되고 만다. 분명히, 자원 동원 이론은 …… 합리적 행위라는, 너무 협소해서 많은 질문들에 대답할 수 없는 개념에 기반하고 있다"(Cohen 1985, 687). 제임스 캐리는 이렇게 말했다. "의사소통에 대해, '사실을 알리고', '의사를 전달하고', '타인에게 정보를 준다'는 등의 전달transmission로서만 이해하는 방식이 미국 학계를 지배해 왔다. 그 와중에 의사소통을 의례로서 이해하는 방식, 즉 '사실을 공유하고', '참여하고', '연합하고', '동료 의식을 만들며,' '공통의 믿음을 구축한다'는 등의 관점은 배제되어 버렸다." 이것은 "심리학적 행동이 현실을 지배한다는 개인주의에 우리가 강박되어 있기 때문이고, …… 실용적이지 않은 모든 인간 행동을 무가치하게 여기는 청교도주의 때문이다"(Carey 1988, 15, 18-20).

이 책은 이런 구분이 생각만큼 단순하지 않다는 사실을 보여 주고자했다. 처음에는 합리성을 조정 문제의 맥락에서 협소하고 통상적인 개념으로 소개했지만, 나중에는 '공유 지식'이 상호주관성, 집합적 의식意識, 집단 정체성 등의 문제와 본질적으로 관련돼 있음을 보여 주었다. 처음에는 실제로 조정 문제에 직면한 고립된 개인들에 초점을 맞추었지만, 나중에는 의사소통의 '전달' 이론(일차적 지식)을 넘어서 의사소통의 '의례' 이론(공유 지식)이 요구된다는 사실을 보여 주었다.

윌리엄 슈얼은 물질적인 차원과 문화적 차원의 구분이, 기독교 형이상학에서 사물과 영적 세계를 구분하는 데 기초하고 있다고 주장하며, 실제에 기반해서 이런 이분법에 반대한다. 예를 들어, 생산·교환의 경제적 세계가 순전히 물질적인 것은 아니다. 왜냐하면, 그림이 그려진 종이인 화폐는 기본적으로 상징적인 것이기 때문이다. 관념의 세계가 순전히 문화적인 것만도 아니다. "왜냐하면, [관념을 문자로 옮기기 위해서는] 종이, 잉크, 컴퓨터 자판과 같은 물리적 실체의 변화가 수반되기 때문이다. 그뿐만 아니라 공기의 진동, 교회의 성서대와 설교단, 야외 집회의 연단, 강의실, 교회, 연구실, 도서관 등도 모두 물리적이다"(Sewell 1993, 25). 이 책은 이런 구분[물질적인 것과 문화적인 것의 구분] 자체에도 반대하지만, 실제 인간 경험에 근거해서 반대하는 것은 아니다. 여기서의 논의는 합리성 자체의 논리에 기반해서 그런 이분법에 반대하는 것이다. 말하자면, 협소한 의미에서 합리적인 '경제적 인간'*Homo economicus*이라 하더라도 조정 문제를 해결하려면, 공유 지식을 형성해야 하며, 그것은 의례의 중요한 부분이다.

합리적 선택이론, 특히 게임이론이 문화적 행위를 이해하는 데 유용하다는 생각은 신선해 보일 수 있지만, 실은 30년도 더 된 주장이다. 어빙 고프먼(Goffman 1969)은 『전략적 상호작용』*Strategic Interaction*이라는 저작에서 이런 의견을 밝혔고, 클로드 레비-스트로스는 게임이론을 통해 "사회 인류학, 경제학, 언어학 분야의 발전을 의사소통 이론이라는 거대한 분야로 통합할 수 있다"고 말했다(Lévi-Strauss 1963, 298). 셸링의 선구적 연구(Schelling [1960]1980)가 게임이론을 상징 행위와 문화에 적용한 이후, 최근에는 다양한 분야에서 연구가 진행되어 왔다(대표적으로 O'Neill 2000; Schuessler 2000. Bates and Weingast 1995; Lichbach and Zuckerman 1997도 참조. 일반적 논의로는 Bermeo 1997 참조). 나는 이런 성과들이 게임이론의 주변적인 적용 사례 정도에 불과하다고 보지 않는다. 게임이론이 연구해야 할 필수적인 주제라고 생각한다. 문화적 실천이 합리적 선택이론을 통해서도 잘 조망될 수 있다는 정도에 그치는 것도 아니다. 문화적 실천은 합리적 선택이론의 중심적 의제라는 것이 내 주장이다.

게임이론은 다른 추론 방법에 비해 미래에 대한 예측을 제시할 수 있다는 단순한 이유에서 활용되곤 했다. 예를 들어, 경제학 교과서에는 과점 체제에 대한 설명이 나온다. 시장이 한 기업에 의해 독점되었다고 할 때, 이윤 극대화 가정을 통해서 예측을 내놓을 수 있다. 경쟁적 시장이라면(수많은 기업이 있고, 어떤 기업도 균형가격에 영향을 미칠 만큼 크지 않다), 수요-공급 등식 가정을 통해서 예측이 가능하다. 몇몇 기업이 상호 의존적으로 가격에 영향을 미치게 되는 과점 상황에서, 게임이론은 예측을 위해 균형점equilibrium을 찾게 된다.

하지만 게임이론이 예측에 실패할 때가 종종 있다. 많은 게임이론의 모형에서 수많은 균형점이 존재하곤 한다. 예를 들어, 운전자들이 우측통행을 할지, 좌측통행을 할지를 예측한다고 치자. 다른 사람들 모두가 우측통행을 하고, 어느 누구도 좌측으로 이탈하려 하지 않을 경우 균형은 우측통행에 형성된다. 모든 사람이 좌측통행을 하려 하는 것도 균형이 될수 있다. 여기서는 두 개의 균형이 존재한다. 우리는 모든 사람이 같은 방향으로 운전할 것이라고 예측할 순 있지만, 그것이 오른편인지 왼편인지는 말할 수 없다. 이것은 아주 간단한 사례에 불과하지만, 일반적으로 다수의 균형점이 낳는 불확정성의 문제는 매우 심각할 수 있다.

이 문제에 대응하는 방법은 다음과 같이 몇 가지로 생각해 볼 수 있다. 우선, 어떤 게임 상황에서도 하나의 고유한 예측을 제시할 목적으로 공리axioms를 개발해, 게임 자체로부터 최대한도로 예측력을 짜내는 것이다(Harsanyi and Selten 1988이 좋은 사례다). 다른 방법은 게임 외부에 존재하는 사회적 과정을 고려해 볼 수 있다. 사람들이 조정을 통해 균형에 이르는 것은 그런 사회적 과정을 통해서이다. 일반적으로 이런 과정을 이해하는 모형이 적어도 세 가지는 있을 수 있다.

게임이론의 최근 연구에서는, 게임 상황의 개인이 학습과 적응을 통해 진화 과정에서 선택된다는 모형을 구축한다(예를 들어, Samuelson 1998; Young 1998). 적응의 역동적 과정을 거치는 동안, 어떤 균형이 나른 균형에 비해 살아남을 가능성이 높다는 것이다. 이런 접근은 사람들이 단순한 학습 규칙이나 적응에 따른다는 가정을 깔고 있는데, 이는 게임이론이 과도한 합리성hyperrationality을 전제한다는 일반적인 비판에 대응하려는 의도를 담고 있다. 두 번째 접근은 앞서 논의한 대로, '초점'focal points과 관련되어 있다. 이 개념은 어떤 사회의 문화적 측면으로 해석되곤 한다. 예를 들어, 뉴욕 시민은 약속 장소로 중앙역을 떠올릴 가능성이 높은 반면,

뉴욕에 거주하지 않는 사람은 엠파이어스테이트빌딩을 찾게 된다. 중앙역의 '초점 역할'focalness은 뉴욕 지역 문화의 일부로 이해될 수 있다.

이런 접근은 모두 중요하지만, 공히 조정 과정을 목적의식이 없는 것으로 간주하고 있다. 적응론적 접근이나 진화론적 접근은 사람들이 아무 의도 없이 조정에 이른다는 '보이지 않는 손'invisible hand 이론을 연상시킨다. 여기서 조정은 계획하고 판단하는 어떤 노력도 없이 "자연스럽게 일어난다"just happens. 초점 개념은 보통 외부로부터 주어진 것으로 이해되곤 한다(예를 들어, Kreps 1990). 하지만 셸링은 "합의된 초점이 분명치 않을 때, 누군가가 극적인 제안을 할 수 있는 역량을 활용해서 초점을 창조할 수도 있다"고 말한 바 있다(Schelling [1960]1980, 144[201쪽]; Calvert 1992도 참조). 우리 책에서 도입하고 있는 세 번째 접근은 '조정'을 공개적인 의사소통을 통해 획득되는 적극적이고 의도적인 과정으로 바라보는 것이다(Johnson 1993). 조정은 적응과 진화, 혹은 암묵적인 의사소통을 통해 달성되기도 하지만, 사람들은 조정을 위해 드러내 놓고 의사소통을 하기도 한다. 식당에서 남녀가 교제를 즐기는 장면을 떠올려 보자. [진화 게임이론적 접근에 따르면] 둘 중 하나가 "변이 과정을 통해"mutated 우연히 그 장소에 이르게 되었고, 상대방도 마찬가지로 적응을 겪었다고 설명할 수도 있다. 혹은 [초점 이론에 따르면] 그들이 암묵적인 합의를 통해 만남에 이르렀을 수도 있다. 하지만 그들이 단지 데이트를 약속했다고 가정하는 게 사실에 더 가까울 것이다. 물론, 이런 의사소통 과정은 두 사람 이상의 관계가 되면 훨씬 더 복잡해진다. 이것이 우리 책에서 다루고 있는 문제이다.

사람들이 조정 문제를 해결하기 위해 공개적으로 소통하는 방식을 관찰하게 되면, 의미에 관한 언어학 이론이나 상식적인 직관 말고도, 통상적인 게임이론의 논리로부터 '공유 지식'이라는 의제가 곧바로 제기된다. 사회에서 공유 지식이 어떻게 형성되는지를 보게 되면, 우리는 의례처럼 보이는 의사소통적 이벤트communicative events(가령, 공식 행사나 매스컴용 이벤트 등)에 반드시 주의를 기울여야 한다. 공유 지식을 문화적 실천과 연결 지음으로써, 이 책은 이전에는 서로 무관하고 심지어 대척점에 있다고 간주되었던 합리성과 문화의 관점 사이에 매우 긴밀하고 상호적인 관계를 정립했다. 역사적으로 원자화된 시장 사회와 관련되어 있는 '개인적 합리성'이라는 발상은, 사회적 동질성을 창조하는 문화적 실천을 이해하는 데에도 유용할 수 있다. 문화에 대한 연구는 오랫동안 경제적 맥락에서 이해되어 왔다. '물질적' 합리성의 논리적 귀결을 추적한 결과, 게임이론이 문화를 발견하게 된 것이다.

부록

본문 논의의 도식화

조정 문제의 모형화

버스 안에 두 사람의 동료 노동자가 있다. 각자는 상대방도 하차하려고
할 때만, 차에서 내려 술 한 잔을 할 용의가 있다. 각자의 [선택의] 동기moti-
vation는 각각의 결과에 따른 보수payoff 혹은 효용utility에 해당하는 숫자로
표현된다. 예를 들어, 혼자서 술 마시는 건 고역이므로, 나는 하차하고,
당신이 그러지 않았을 경우가 나에게는 최악의 결과이다. 이때 나의 보
수는 '0'이다. 나에게 가장 좋은 것은 우리 모두가 하차하는 경우이다. 우
리는 함께 술을 즐기고, 이것은 나에게 '6'에 해당하는 보수를 부여한다.
내가 버스에 머문다면, 당신이 내리든 말든 상관없이 '현 상태 그대
로'status quo '4'의 효용을 취하게 된다.

	당신은 하차한다	당신은 차에 머문다
나는 하차한다	6	0
나는 차에 머문다	4	4

나의 보수

당신과 내가 비슷하다고 가정하면, 우리는 당신의 효용을 알 수 있다. 당신에게 최악은 당신은 하차하고, 나는 머무는 것이다. ……

	당신은 하차한다	당신은 차에 머문다
나는 하차한다	6	4
나는 차에 머문다	0	4

당신의 보수

두 개의 표 대신에, 하나의 표에 모두를 써넣는 게 더 편리하다. 각각의 결과에 대해, 한 쌍씩 숫자가 부여된다. 나의 보수와 당신의 보수.

	당신은 하차한다	당신은 차에 머문다
나는 하자한나	6, 6	0, 4
나는 차에 머문다	4, 0	4, 4

나의 보수, 당신의 보수

표를 살펴보면, 나는 당신이 하차하려고 할 때에만 자신도 하차하길 원하고, 당신도 내가 하차할 때만 본인도 그러려고 한다. 게임이론의 장점이자 조악함은 매우 다양할 수 있는 조정 문제를 위와 같은 표로 표현할 수 있다는 점이다.

메타지식에 대한 모형

공유 지식과 메타지식은 로버트 오먼(Aumann 1976)에 의해 수학적으로 정식화되었다(이와 동일한 표현은 O'Neill 2000에 나오는 '상호적 신념 체계'interactive belief system이다). 먼저 실제로 생각할 수 있는 모든 상태를 열거한다. 버스에서 우리 둘 다 알고 있는 사람이 고함을 칠 때, 나는 깨어 있거나 졸고 있고, 당신도 깨어 있거나 졸고 있다. 그러므로 여기서는 4가지 가능한 상태가 있게 된다. "나도 깨어 있고, 당신도 깨어 있다," "나는 깨어 있고, 당신은 졸고 있다," "나는 졸고 있고, 당신은 깨어 있다," "나도 졸고 있고, 당신도 졸고 있다."

각자는 실제로 어떤 상태인지 파악할 수 있는 능력에서 차이가 난다. 예를 들어, 우리가 서로 마주 보고 있는 상황이라 치자. 내가 당신을 쳐다보고, 당신도 나를 쳐다본다(〈그림 16〉).

내가 졸고 있다면, 나는 당신이 조는지 어떤지 알 수 없지만, 내가 깨어 있다면, 나는 알아낼 수 있다. 이를 다음과 같은 타원형 칸을 통해서 표현할 수 있다. 각각은 가능한 상태를 구분해 주고 있다(〈그림 17〉).

여기서 두 상태가 같은 타원형 칸에 들어 있으면, 우리는 둘을 구분할

그림 16. 서로 마주 볼 경우

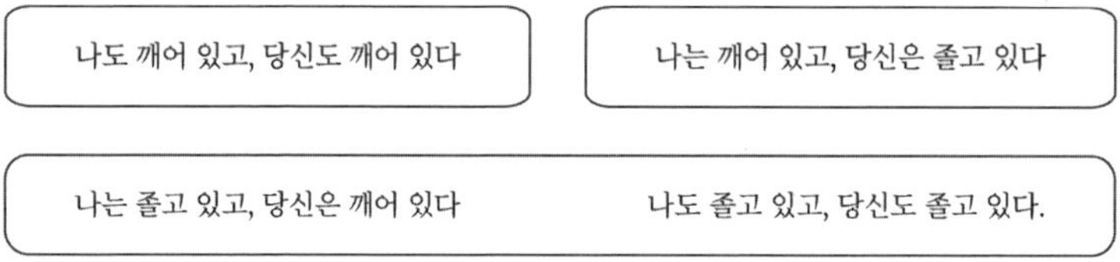

| 나도 깨어 있고, 당신도 깨어 있다 | 나는 깨어 있고, 당신은 졸고 있다 |

| 나는 졸고 있고, 당신은 깨어 있다 | 나도 졸고 있고, 당신도 졸고 있다. |

그림 17. 나의 타원형 칸

수 없다. 두 상태가 각기 다른 타원형 칸에 들어 있으면, 구분이 가능하다. "나는 졸고, 당신은 깨어 있다"와 "나도 졸고, 당신도 졸고 있다"가 같은 칸에 들어 있다는 것은 내가 이들 두 상태를 구분할 수 없다는 뜻이다. 마찬가지로, 당신이 깨어 있다면, 당신은 내가 깨어 있는지 어떤지 알 수 있게 된다. 당신의 지식은 〈그림 18〉의 타원형 칸을 통해서 표현되어 있다.

사람들이 안다는 것은 무얼 말하는가? 어떤 사건이 일어날 수 있는 상태들의 집합일 때에, 사람들은 그 사건을 알게 된다. 예를 들어, 〈그림 19〉는 '굵은 네모'에 도해된 바와 같이, 세 개의 사건을 제시한다. 당신이 깨어 있거나, 우리 모두가 깨어 있거나, 우리 중 하나는 깨어 있다. 당신

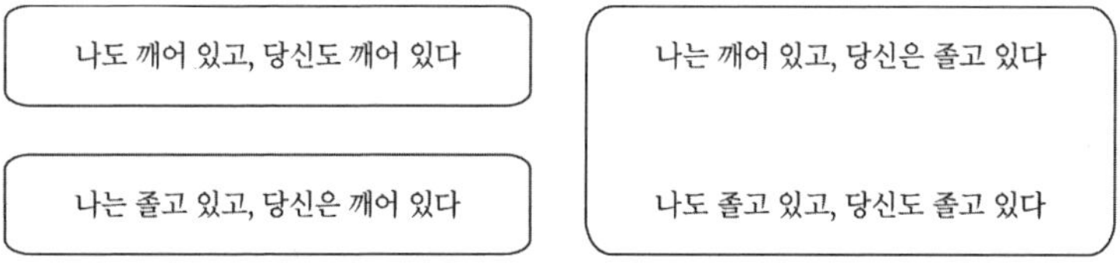

| 나도 깨어 있고, 당신도 깨어 있다 | 나는 깨어 있고, 당신은 졸고 있다 |
| 나는 졸고 있고, 당신은 깨어 있다 | 나도 졸고, 당신도 졸고 있다 |

그림 18. 당신의 타원형 칸

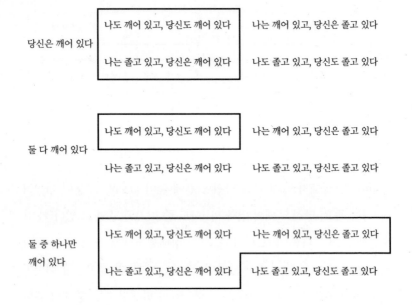

그림 19. 다양한 사건들

이 깨어 있는 사건을 예로 들어 보자. 우리가 이 상황을 나의 타원형 칸과 함께 기록한다면, 〈그림 20〉과 같은 결과를 얻게 된다. 여기서 굵은 네모칸은 당신이 깨어 있는 사건을 보여 준다. 여기서 "나도 깨어 있고, 당신도 깨어 있다"를 담고 있는 타원형 칸은 네모칸 안에 포함되어 있다. 나도 깨어 있고, 당신도 깨어 있다면, 나는 이 상황이 이 타원형 칸에 들어가리라는 것을 안다. 이 타원형 칸이 네모칸 안에 들어 있으므로, 나는 당신이 깨어 있다는 것을 안다. 하지만 "나는 졸고, 당신은 깨어 있다"는 타원형 칸은 네모칸 바깥으로 삐져나온다. 나는 졸고 있고, 당신은 깨어 있다면, 나는 이 상태를 "나도 졸고, 당신도 존다"는 상황으로부터 구별

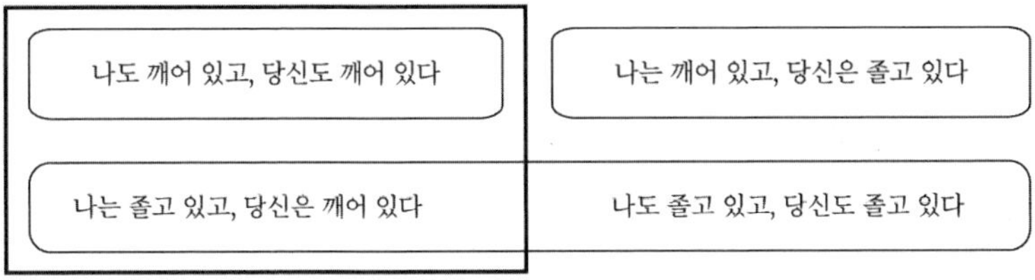

그림 20. 나도 깨어 있고, 당신도 깨어 있을 때, 나는 당신이 깨어 있다는 것을 안다. 나는 졸고 있고, 당신은 깨어 있을 때, 나는 알 수가 없다.

해 낼 수 없다. 타원형 칸이 네모칸 바깥으로 삐져나왔으므로, 나는 당신이 분명히 깨어 있는지 알 수가 없게 된다.

그래서 타원형 칸에 나타나듯이, 나는 우리 모두가 깨어 있을 때에만 당신이 깨어 있다는 것을 식별할 수 있다. 하지만 〈그림 21〉에 나타난 대로, "당신이 깨어 있다는 것을 내가 안다"는 또 다른 사건으로 간주할 수 있다. 이것은 우리 모두가 깨어 있다는 사건과 똑같은 상황이다. 〈그림 22〉에 표현된 대로, 이제 우리는 이 사건을 당신의 타원형 칸에 넣을 수 있다.

다시금, 당신의 타원형 칸이 네모칸 안에 포함된다면, 당신은 그 사건

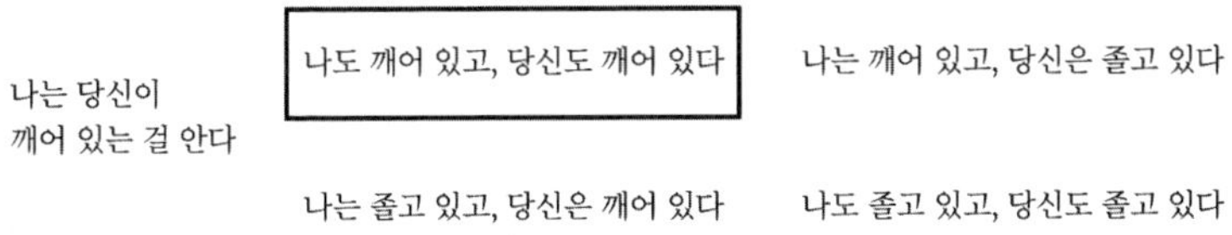

그림 21. 당신이 깨어 있다는 것을 내가 아는 경우

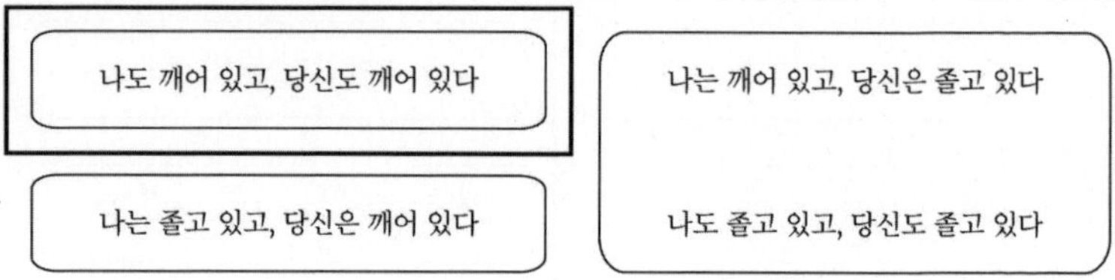

| 나도 깨어 있고, 당신도 깨어 있다 | 나는 깨어 있고, 당신은 졸고 있다 |
| 나는 졸고 있고, 당신은 깨어 있다 | 나도 졸고 있고, 당신도 졸고 있다 |

그림 22. 나도 깨어 있고, 당신도 깨어 있을 때, 당신이 깨어 있다는 것을 내가 안다는 데 대해 당신은 알게 된다.

이 일어났다는 사실을 알게 된다. 여기서 사건은 당신이 깨어 있다는 것을 내가 안다는 것이다. 우리 모두가 깨어 있을 때, 즉 "당신도 깨어 있고, 나도 깨어 있다"고 할 때, 당신의 타원형 칸은 네모칸 안에 포함된다. 그러므로 내가 당신이 깨어 있다는 것을 안다는 사실에 대해 당신도 알게 된다. 다시 말해, 당신이 깨어 있다는 사실을 내가 안다는 것을 당신이 안다.

메타지식의 상위 단계는 이런 과정을 반복하는 것과 다름없다. 이 사례에서 우리 모두가 깨어 있을 때, 당신이 깨어 있다는 것을 내가 인지하고 있음을 당신이 안다는 사실을 내가 알고, …… 이런 반복은 마음대로 여러 단계까지 해볼 수 있다. 그러므로 우리 모두가 깨어 있을 때, 당신이 깨어 있다는 사실은 공유 지식이 되는 것이다.

어떤 경우에는 모두에게 알려지지만, 공유 지식은 되지 못할 수도 있다. 〈그림 23〉에서는 당신이 나에게 등을 돌리고 있어서 나는 당신을 볼 수 있지만, 당신은 나를 볼 수 없다. 나의 타원형 칸은 이전과 동일하다. 내가 깨어 있다면, 나는 당신이 조는지 어떤지 알 수 있다(나는 당신의 고개가 조느라고 끄덕거리는 것을 볼 수 있다). 하지만 당신의 타원형 칸은 달라진다.

그림 23. 당신이 등을 돌리고 있는 상황

이제는 당신이 깨어 있다손 치더라도, 당신은 나를 볼 수 없으므로 내가 깨어 있는지 어떤지 알 수 없다. 〈그림 24〉는 당신의 새로운 (점선으로 표시된) 타원형 칸이 표현되어 있다.

나의 타원형 칸은 그대로이므로, 당신이 깨어 있다는 것을 알게 되는 사건은 곧 우리 모두가 깨어 있는 사건이 된다. 하지만 이 사건을 당신의 새로운 타원형 칸에 넣어 보면 〈그림 25〉가 된다.

이제 "나도 깨어 있고, 당신도 깨어 있는" 상태에서 당신의 타원형 칸은 네모칸 바깥으로 삐져 나간다. 당신이 깨어 있다는 것을 내가 안다는 데 대해 당신은 모르고 있다. 우리 모두가 깨어 있을 때, 나는 당신이 깨어 있다는 것을 알고, 당신은 내가 깨어 있다는 것을 안다. 하지만 내가 당신이 깨어 있다는 것을 아는 데 대해 당신은 모르는 것이다. 우리 모두

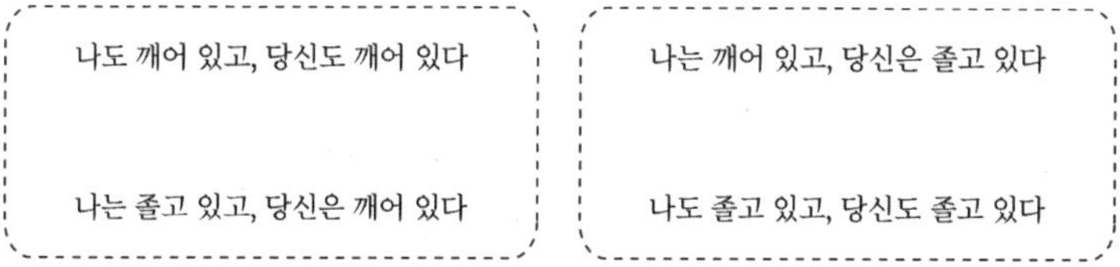

| 나도 깨어 있고, 당신도 깨어 있다 | 나는 깨어 있고, 당신은 졸고 있다 |
| 나는 졸고 있고, 당신은 깨어 있다 | 나도 졸고 있고, 당신도 졸고 있다 |

그림 24. 당신이 등을 돌리고 있는 경우 당신의 타원형 칸

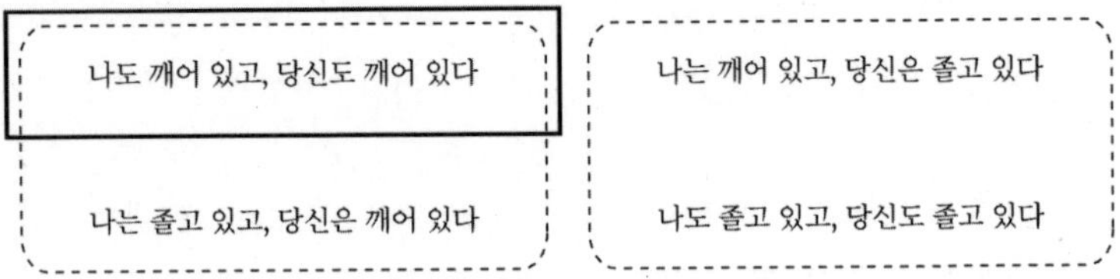

나도 깨어 있고, 당신도 깨어 있다	나는 깨어 있고, 당신은 졸고 있다
나는 졸고 있고, 당신은 깨어 있다	나도 졸고 있고, 당신도 졸고 있다

그림 25. 당신이 깨어 있는 것을 내가 안다는 데 대해 당신은 모르고 있다.

가 깨어 있을 때, 우리 모두는 당신이 깨어 있다는 것을 알지만, 이것은 공유 지식이 되진 못한다.

왜 공유 지식은 조정 문제를 푸는 데 유용한가?

이제까지 조정 문제는 표 안의 숫자로 표시되었고, 당신과 나의 지식은 타원형 칸으로 표현되었다. 숫자, 즉 보수payoff로 채워진 표는 버스 하차에 대한 우리의 선호를 나타낸다. 타원형 칸은 의사소통 과정을 보여 준다. 우리가 서로 대면하고 있을 때와 그렇지 않은 경우에 따라 타원형 칸이 달라진다. 의사소통 과정을 전체적으로 조망하기 위해, 우리는 두 개의 추가 사항을 고려해야 한다. 첫째, 한 사람이 메시지를 받지 못했을 때 어떤 일이 생기는지를 봐야 한다. 우리 사례에서 조는 사람은 고함 소리를 듣지 못하므로, 그 사람은 버스에 그대로 머물러서 '현 상태 그대로'status quo를 유지한다. 둘째, 가능한 상태들이 각기 일어날 가능성이 어

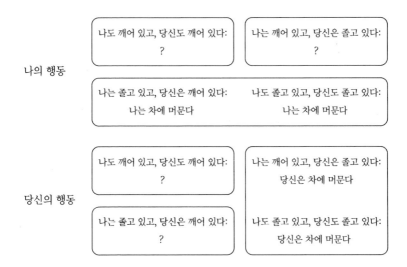

나의 행동

| 나도 깨어 있고, 당신도 깨어 있다:
? | 나는 깨어 있고, 당신은 졸고 있다:
? |
| 나는 졸고 있고, 당신은 깨어 있다:
나는 차에 머문다 | 나도 졸고 있고, 당신도 졸고 있다:
나는 차에 머문다 |

당신의 행동

| 나도 깨어 있고, 당신도 깨어 있다:
? | 나는 깨어 있고, 당신은 졸고 있다:
당신은 차에 머문다 |
| 나는 졸고 있고, 당신은 깨어 있다:
? | 나도 졸고 있고, 당신도 졸고 있다:
당신은 차에 머문다 |

그림 26. 각각의 상황에서 우리의 행동

느 정도인지를 볼 것이다. 우리 사례에서 졸거나 깨어 있을 확률은 같으므로, 가능한 네 가지 상태는 모두 같은 가능성을 갖고 있다.

이제 각자의 보수와 의사소통 과정을 완전히 지정했으므로, 당신과 내가 각기 어떤 행동을 할지 알 수 있다. 우리가 서로 대면하고 있는 상황을 살펴보자. 이를 위해 〈그림 26〉의 도표를 채워 넣기만 하면 된다. 이 도표는 각각의 상황에서 각자가 어떤 행동을 취할 것인지를 보여 주고 있다. 여기서 전제는 졸고 있는 사람은 버스에 그대로 머문다는 것이다.

"내가 깨어 있고, 당신은 졸고 있는" 상황이라면, 나는 어떤 선택을 하게 될까? 〈그림 26〉을 통해 나는 당신이 버스에서 내리지 않을 것임을 알 수 있다. 이제 나의 보수표payoff table를 보자. 내가 하차하면, 보수는 0이고, 버스에 머물면, 보수는 4이다. 그러므로 나는 버스에 머물기로 한

	나도 깨어 있고, 당신도 깨어 있다: ?	나는 깨어 있고, 당신은 졸고 있다: 나는 차에 머문다
나의 행동	나는 졸고 있고, 당신은 깨어 있다: 나는 차에 머문다	나도 졸고 있고, 당신도 졸고 있다: 나는 차에 머문다

	나도 깨어 있고, 당신도 깨어 있다: ?	나는 깨어 있고, 당신은 졸고 있다: 당신은 차에 머문다
당신의 행동	나는 졸고 있고, 당신은 깨어 있다: 당신은 차에 머문다	나도 졸고 있고, 당신도 졸고 있다: 당신은 차에 머문다

그림 27. 내가 졸고 있는 것을 당신이 본다면, 당신은 차에 머물 것이다.

다. 마찬가지로, "내가 졸고, 당신이 깨어 있다면," 당신은 내가 조는 것을 보았으므로 버스에 머물기로 한다(〈그림 27〉).

"내가 깨어 있고, 당신도 깨어 있는" 상태라면 어떻게 될까? 우리 둘 중 하나가 하차하고, 다른 하나가 그대로 머문다면, 상황은 '불안정'해진다. 왜냐하면 둘 중 하나는 자신의 행동을 바꾸려 하기 때문이다. 그러므로 〈그림 28〉, 〈그림 29〉처럼 둘 다 하차하거나, 둘 다 버스에 남는 두 가지 가능성이 생긴다. 이 두 가지 상황 모두는 '균형'을 형성한다. 상대편의 행동이 주어진 상황에서, 어느 누구도 다른 선택을 하려 하지 않기 때문이다. '성공적인' 균형 상태에서 우리 모두가 깨어 있을 때, 당신이 하차하면 나 또한 하차하는 게 이익이다(이렇게 되면 4 대신에 6의 보수를 획득한다). 마찬가지로, 우리 모두가 깨어 있을 때, 내가 하차하면, 당신도 하

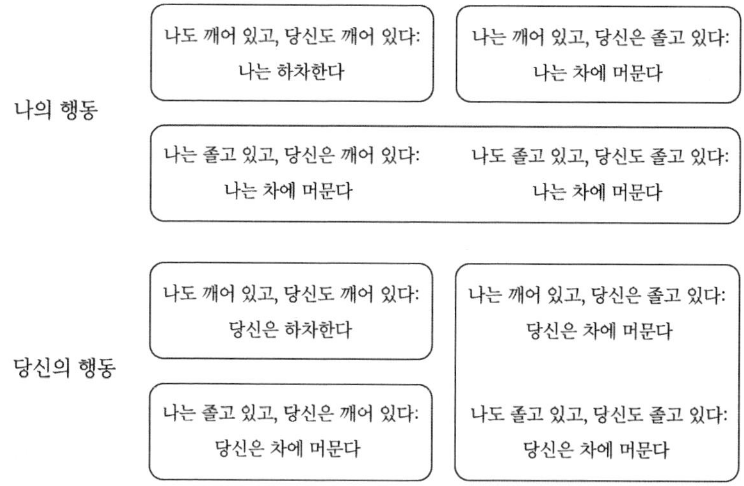

| 나도 깨어 있고, 당신도 깨어 있다:
나는 하차한다 | 나는 깨어 있고, 당신은 졸고 있다:
나는 차에 머문다 |
| 나는 졸고 있고, 당신은 깨어 있다:
나는 차에 머문다 | 나도 졸고 있고, 당신도 졸고 있다:
나는 차에 머문다 |

나의 행동

| 나도 깨어 있고, 당신도 깨어 있다:
당신은 하차한다 | 나는 깨어 있고, 당신은 졸고 있다:
당신은 차에 머문다 |
| 나는 졸고 있고, 당신은 깨어 있다:
당신은 차에 머문다 | 나도 졸고 있고, 당신도 졸고 있다:
당신은 차에 머문다 |

당신의 행동

그림 28. '성공적인' 균형 상태

차하길 원한다. '성공적이지 못한' 균형에서 우리 모두가 깨어 있을 때, 당신이 버스에 남을 것이므로 나도 버스에 남는다(나는 0 대신에 4의 보수를 획득한다). 내가 남을 것이므로 당신도 버스에 남는다. 성공적인 균형 조건에서 우리는 고함을 통해서 버스에서 내릴 수 있다. 성공적이지 못한 균형에서는 우리는 하차하지 못한다.

이제 당신이 나에게 등 돌리고 있는 상황을 살펴보자(〈그림 30〉). 앞서 논의한 대로, 당신이 나와 대면하고 있지 않으므로, 당신의 타원형 칸은 달라진다. 이제는 당신이 깨어 있더라도, 그는 내가 깨어 있는지 어떤지 알 수 없다. 여기서도 졸고 있는 사람은 버스에 남게 된다고 가정하자. 따라서 "내가 깨어 있고, 당신이 졸고 있는" 상황에서 나는 당신이 조는 것을 보고 있으므로 버스에 남는 선택을 하게 된다.

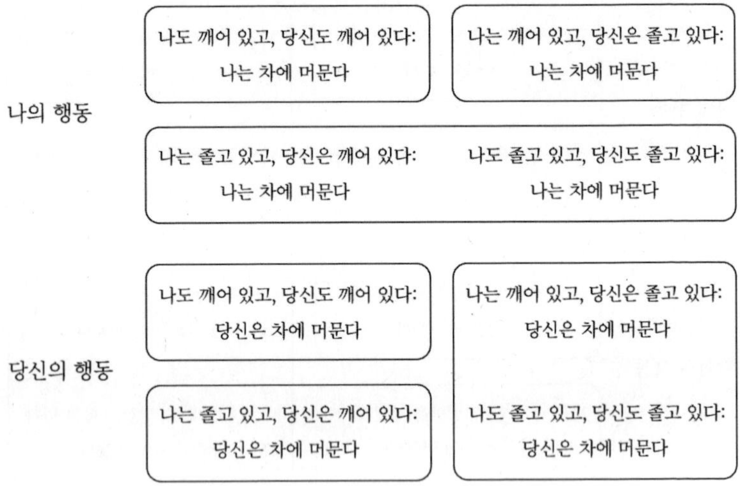

나도 깨어 있고, 당신도 깨어 있다: 나는 차에 머문다	나는 깨어 있고, 당신은 졸고 있다: 나는 차에 머문다
나는 졸고 있고, 당신은 깨어 있다: 나는 차에 머문다	나도 졸고 있고, 당신도 졸고 있다: 나는 차에 머문다

나의 행동

나도 깨어 있고, 당신도 깨어 있다: 당신은 차에 머문다	나는 깨어 있고, 당신은 졸고 있다: 당신은 차에 머문다
나는 졸고 있고, 당신은 깨어 있다: 당신은 차에 머문다	나도 졸고 있고, 당신도 졸고 있다: 당신은 차에 머문다

당신의 행동

그림 29. '성공적이지 못한' 균형 상태

"나도 깨어 있고, 당신도 깨어 있는" 상황과 "나는 졸고, 당신은 깨어 있는" 상황에서는 어떻게 될까? 첫째, 당신은 이 두 상황을 구별할 수 없기 때문에(두 상황이 같은 타원형 칸에 들어 있다), 그는 언제나 같은 행동을 취해야 한다. 다시 말해, 당신은 내가 깨어 있는지 어떤지 분간할 수 없기에, 자신의 행동을 내 상태에 맞춰서 조정할 수 없는 것이다. 당신은 단지 반반의 확률로 내가 깨어 있거나 졸고 있다고 예상할 따름이다(우리는 각각의 상황이 같은 확률로 발생한다고 가정했다). 당신이 버스에 남는다면, 내가 어떤 상태이든 그는 4의 보수를 갖게 된다. 당신이 하차했을 때, 2분의 1의 확률로 내가 졸고 있으면 그는 0의 보수를 얻는다. 반면, 2분의 1의 확률로 내가 깨어 있었다면, 내가 하차하면 그에겐 6의 보수가, 깨었지만 차에 남으면 그에겐 0의 보수가 돌아간다. 그러므로 당신은 하차하게 되

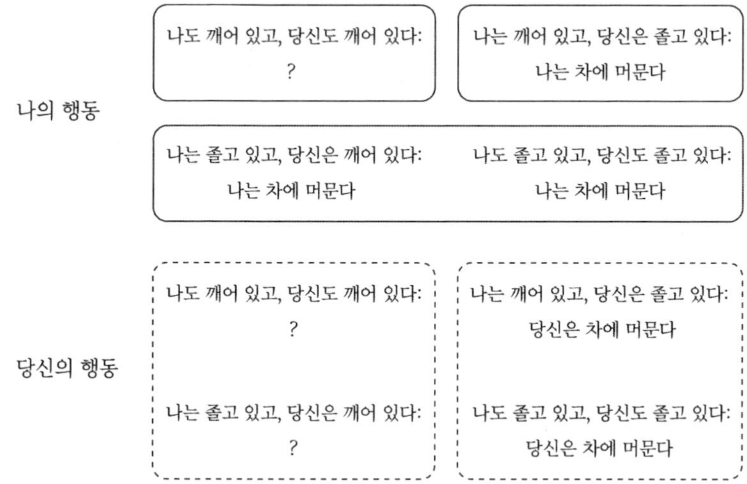

나의 행동

| 나도 깨어 있고, 당신도 깨어 있다: ? | 나는 깨어 있고, 당신은 졸고 있다: 나는 차에 머문다 |
| 나는 졸고 있고, 당신은 깨어 있다: 나는 차에 머문다 | 나도 졸고 있고, 당신도 졸고 있다: 나는 차에 머문다 |

당신의 행동

| 나도 깨어 있고, 당신도 깨어 있다: ? | 나는 깨어 있고, 당신은 졸고 있다: 당신은 차에 머문다 |
| 나는 졸고 있고, 당신은 깨어 있다: ? | 나도 졸고 있고, 당신도 졸고 있다: 당신은 차에 머문다 |

그림 30. 당신이 등을 돌리고 있는 상황에서 우리의 행동

면, 잘해 봐야 2분의 1의 확률로 0을, 그리고 2분의 1의 확률로 6을 얻게 된다. 이런 '복권 추첨' 방식은 대체로 3의 보수를 얻게 되는 것과 마찬가지이다. 이것은 당신이 버스에서 내리지 않음으로써 얻게 되는 4보다 적으므로, 당신은 버스에 머물게 되는 것이다. 다시 말해, 기껏해야 2분의 1의 확률로 내가 하차하리라는 것을 안다고 해서, 당신이 버스에서 내릴 수는 없다. 그러므로 "나도 깨어 있고, 당신도 깨어 있는" 상황과 "나는 졸고 있고, 당신은 깨어 있는" 상황에서 당신은 버스에서 내리지 않는다. 이에 따라, "나도 깨어 있고, 당신도 깨어 있는" 상황에서 나 또한 버스에서 내리지 않는다. 그러므로 우리는 〈그림 31〉의 결과를 얻었다.

실제로 가능한 모든 상황이 이러하다면, 우리는 함께 버스에서 내리

| 나도 깨어 있고, 당신도 깨어 있다:
나는 차에 머문다 | 나는 깨어 있고, 당신은 졸고 있다:
나는 차에 머문다 |
| 나는 졸고 있고, 당신은 깨어 있다:
나는 차에 머문다 | 나도 졸고 있고, 당신도 졸고 있다:
나는 차에 머문다 |

나의 행동

| 나도 깨어 있고, 당신도 깨어 있다:
당신은 차에 머문다 | 나는 깨어 있고, 당신은 졸고 있다:
당신은 차에 머문다 |
| 나는 졸고 있고, 당신은 깨어 있다:
당신은 차에 머문다 | 나도 졸고 있고, 당신도 졸고 있다:
당신은 차에 머문다 |

당신의 행동

그림 31. 당신이 등을 돌리고 있는 상황에서 가능한 유일한 균형 상태

는 조정에 성공할 수 없다. 당신이 등 돌리고 있는 상황에서는 모두가 버스에 남는 것이 유일한 균형이 된다. "나도 깨어 있고, 당신도 깨어 있는" 조건에서, 우리는 모두가 깨어 있고, 모두가 고함치는 것을 들을 수 있지만, 당신 입장에서는 내가 하차할지 말지 알 수 없기 때문에 버스에 머물게 되는 것이다. "나도 깨어 있고, 당신도 깨어 있는" 상황에서 우리 모두는 고함치는 내용을 알고 있지만, 그것은 공유 지식이 되지 못한다.

우리가 서로 대면하고 있고, 모두가 깨어 있다면, 이 사실은 공유 지식이 되고 성공적인 조정이 가능하다('성공적이지 못한' 균형도 있으므로, 이런 결과를 늘 보장하진 못한다). 당신이 등을 돌렸다면, 서로가 메시지를 받고도 성공적인 조정은 가능하지 않다.

2013년판 후기

내가 1980년대 말 게임이론 수업을 들을 당시에는 공유 지식이 고급 이론 내지는 '철학적인' 주제로만 간주되었다. 하지만 이제는 많은 이들이 공유 지식 개념을 여러 다양한 실례實例에 적용하고 있다. 예를 들어, 오버(Ober 2008)는 고대 아테네 민주주의의 성공을 설명하는 데 공유 지식 개념을 활용했다. 아테네는 그리스의 다른 도시국가들에 비해 훨씬 많은(적어도 1년에 120여 회 이상의) 공식 의례를 치렀고, 1만7천여 명을 수용할 수 있는 디오니소스 극장을 비롯해 '내부로 향하는' 공공장소도 훨씬 많았다. 동심원 좌석 형태를 가진 그리스 원형극장은 아테네에서 유래된 것이다. 리지웨이(Ridgeway 2011)는 공유 지식 개념을 이용해 젠더 불평등이 지속되는 원인을 이렇게 설명한다. 당신이 자신의 젠더에 대한 관점이 어떠하든 상관없이 일반의 젠더 관념을 따르게 되는 것은, 다른 사람들이 사회적 상호작용을 구축하는 데 젠더에 대한 고정관념을 이용한다는 점을 알고 있기 때문이다. 고튼(Gorton 2010)은 2007년 세계 금융 위기가

2006년에 도입된 ABX 지수에서 비롯된 측면이 있다고 말한다. 이 지수는 서브 프라임 주택 저당증권MBS에 기초해 공개적으로 거래되는 신용 파생 상품의 가격지수를 나타내는데[이를 통해서 우리는 서브프라임 주택 채권의 채무불이행 위험을 알 수 있다], 이 저당증권은 과거에는 공개적으로 거래되지 않았기 때문에 설사 그 가치에 대해 개인적으로는 의심을 품는다 하더라도 다른 이들은 여전히 그것을 선호할 것이라고 믿을 수 있었다. [하지만] ABX 지수가 이런 증권의 취약성을 공유 지식으로 만들어 버렸던 것이다.

나는 이 책이 공유 지식이라는 개념을 '대중화'하는 데 기여한다면 좋겠다. 나는 공유 지식이 조정 문제를 해결하는 데 도움을 준다는 주장에서 출발해 실제 사례들을 찾아보았다. 다시 말해, 이 책을 시작하게 된 애초의 동기는 주로 이론적인 데 있었다. 시위는 언제나 나의 관심사였지만, 의례나 건축, 광고 등에 대한 관심에서 이 책을 시작한 것은 아니다. 매우 추상적인 이론화가 적실한 것인지 의심하기는 쉽다. 하지만 종종 이론은 기대한 결과를 낳기도 하고, 여러 분야의 다양한 현상에 대해 새로운 시각을 제공한다. 공유 지식과 상위 신념이 실제 세계에서 어떻게 작동하는지 탐구해 온 스티븐 모리스와 신현송의 작업도 이런 범주에 속한다(Morris and Shin 2002, 2012). 니콜라이 포스(Foss 2001)는 리더십의 기능이란 조정 문제 해결에 필요한 공유 지식을 창출하는 데 있다고 주장한다. 과거로 거슬러 올라가서, 잘 알려져 있지는 않지만 모리스 프라이델의 논문(Freidell 1969)은 공유 지식에 대해 기술적으로 다룬 최초의 작업이다.

공유 지식이 조정 문제 해결을 돕는다는 사실은 최근의 여러 실험을 통해서도 입증되었다. 초두리·쇼터·소퍼(Chaudhuri, Schotter and Sopher 2009)는 조정 게임에 참여한 피험자가 게임 방법에 대해 다른 피험자에게 알려 줄 때, 공개적으로 큰 소리로 전달해 공유 지식을 형성하게 하면 훨씬 효과적이라는 사실을 발견했다. 노브와 라파엘리(Nov and Rafaeli 2009)는 피험자들에게 이메일을 통해서 최소한 8명이 모이는 모임을 조직하도록 요구했는데, 수신자 목록이 노출된 경우는 감춰진 경우보다 평균적으로 훨씬 많은 사람을 모을 수 있었다. 달리 말해, 피험자들은 공유 지식을 창출하는 노출된 경우가 유리하다는 사실을 알고 있었던 것으로 볼 수 있다.

공유 지식 창출과 관련해서 세상은 어떻게 변해 왔을까? 인터넷과 여타 디지털 기술이 발달하면서 공유 지식을 창출하기가 한결 수월해진 것 같다. 2003년 2월 15일 세계 각지에서 1천만 명 이상이 미국의 이라크 침공에 반대하는 시위에 나선 데에는 디지털 소통이 결정적인 역할을 했다. 이 시위는 아마도 역사상 최대 규모의 정치 집회였을 것이다(Bennett, Breunig and Givens 2008; Walgrave and Rucht 2010). 잘 알려져 있듯이, 2010년과 2011년에 걸쳐 튀니지와 이집트에서 시작된 성공적인 대중 봉기는 소셜 미디어가 큰 몫을 했다(Howard, Duffy, Freelon, Hussain, Mari and Mazaid 2011; Shirky 2011도 참조). 강한 연계를 통해서 국지적으로 공유 지식을 산출하고, 약한 연계를 통해서 정보를 빠르게 유포한다는 점에서, (이메일이나 고정된 웹페이지와 비교해서) 소셜 미디어 기술은 매우 유리하다(Goldstone 2001, 164도 참조).

나는 폭넓은 독자층을 염두에 두고 이 책을 썼는데, 다양한 연구 분야의 책이나 논문에서 인용되고, 유용하다고 평가받은 데 대해 감사하게 생각한다. 이 책은 다음과 같은 연구에 인용되었다. 광고의 경제 이론(Bagwell 2007), 음악 위성방송이 범아랍주의에 미친 영향(Frishkopf 2010), 강박 신경증의 진화론적 기초(Feygin, Swain and Leckman 2006), 투표 참여의 사회 이론(Rolfe 2012), 스마트 군중(Rheingold 2002), 법률 준수에 대한 초점 이론(McAdams and Nadler 2005), 세계 금융 위기의 사회학(Zuckerman 2010), 역사를 통해 감소해 온 폭력 문제(Pinker 2011), 하이퍼링크된 미디어 시장(Webster 2008), 시민 단체로서의 종교 조직(Gill and Pfaff 2010), 중국의 지방에서 단체 행동이 어떻게 정부 관리로 하여금 공공재를 제공하도록 만들었는가(Tsai 2011), 대학에서 ROTC의 역할(Downs and Murtazashvili 2012), 전 지구적 공동체 사이에서 의무감을 공유한다는 인식을 형성하는 데 있어서 문학의 역할(Palumbo-Liu 2005), 미국에서 종교 신도회의 역할(Chaves 2004), 신념 형성에 대한 사회적 영향력(Rydgren 2009), 전체주의적 의사소통(Postoutenko 2010), 초기 기독교와 유대교에 대한 인지적 관점(Luomanen, Pyysiäinen and Uro 2007), 중국에서 대중매체 자유화의 정치적 효과(Shirk 2011), 경제성장에서 문화의 역할(Rao and Walton 2004), 아일랜드와 이탈리아에서 공유 지식 행사가 임금 교섭에 미친 영향(Culpepper 2008), 인도에서 물탱크 관개 방식* 도입에 대한 인류학적 관점(Mosse 2006), 필라델피아 선거일의 역사(Brewin 2008), 신약 성서의 의례들(DeMaris 2008), 사회적 소프트웨어(Parikh 2002) 등.

---

* 주로 인도에서 활용되는 저수 관개 방식으로 빗물이나 강물을 물탱크에 모아 농사나 식용으로 사용하며, 신성한 목욕이나 의례에도 활용한다.

토머스 셸링은 1960년 출간한 『갈등의 전략』*Strategy of Conflict*을 1980년에 재발간하면서 자신이 애초에 가졌던 집필 의도에 대해 다음과 같이 설명했다. "나는 경제학, 사회학, 정치학, 심지어는 법학이나 철학, 혹은 인류학까지도 포괄하는 기초적인 이론이 전문적으로 수리를 다루는 이론가들formal theorists뿐만 아니라 현실적인 문제와 씨름하는 일반인들에게도 유용할 수 있다는 사실을 보여 주고 싶었다. 더불어, 게임이론이 여러 다른 영역에 적용되는 방향으로 발전하기를 기대했지만, 돌이켜 보면 그렇지 못했다. …… [대신 대부분의] 게임이론가들은 수학 영역에 머물러 왔다"(Schelling [1960]1980, vi, 강조는 원문).

나는 셸링의 기대가 오류가 아니길 바란다. 게임이론의 수학적 발전에 대해 나는 긍정적으로 생각하고, 앞으로도 빠르게 발전할 것이 틀림없다. 하지만 게임이론에서 기초적이면서도 강력한 논의가 동시에 발전해서 널리 적용되기를 바란다. 다른 책(Chwe 2013)을 통해서, 나는 제인 오스틴의 게임이론적 통찰이 아직까지도 유효하다고 주장했다. 게임이론은 이미 상당한 성취를 이루었다. 하지만 더 널리 적용되고 더욱 대중적으로 접근할 수 있으면 좋겠다.

1

이 책은 마이클 S. 최의 2001년 저작 *Rational Ritual: Culture, Coordi-nation, and Common Knowledge*를 번역한 것이다. 마이클 최는 한국계 미국인으로 한국 이름은 석용이며, 2001년부터 현재까지 캘리포니아대 로스앤젤레스 캠퍼스ucla 정치학과에 재직해 왔다. 본래 전공은 경제학, 그 중에서도 게임이론이며, 시카고대, 뉴욕대 등에서는 경제학과 교수를 지낸 바 있다. 이 책 역시 게임이론에서 발전된 설명틀의 적용 분야가 얼마나 확장될 수 있는지를 보여 주려는 시도이다.

게임이론은 사람(혹은 집단) 사이에 일어나는 전략적 상호작용을 다룬다. 게임에 참여하는 합리적 개인은 주어진 정보에 근거해서 상대가 취할 행위를 예상해 가장 유익한 선택을 하고자 한다. '게임'이론이라는 명칭에서 알 수 있듯이, 장기나 바둑과 같은 게임 상황이 전형적인 사례이지만,

일상 속 대부분의 현상들도 게임이론과 관계된다. 가령, 싼 값에 더 좋은 물건을 사려는 소비자와 이런 선호를 고려해서 더 좋은 값에 더 많은 물건을 팔려고 하는 생산자 간에 일어나는 상호작용도 게임 상황이다.

이 책에서 특히 주목하는 게임 상황은, 어떤 선택에 직면한 개인이 다른 사람들도 같은 선택을 해야만 바람직한 결과를 얻을 수 있는 때이다. 즉, 사람들 간의 행위 선택에 조정이 필요한 상황이다(조정 문제). 가령, 독재에 저항하는 시위의 경우, 소수만 거리에 나왔다가는 곤욕을 치르고 목숨이 위태로울 수도 있지만, 다수의 시민이 광장에 운집한다면 공권력도 물러서게 된다. 이런 조정 문제를 해결해서 집합행동이 성공하려면, 꼭 필요한 것이 공유 지식이다. 공유 지식이란 일종의 메타지식으로 '내가 안다는 사실을 상대가 알고, 상대가 안다는 사실을 내가 알고, 나도 알고 상대도 알고 있다는 사실을 서로가 아는' 상태를 일컫는다. 많은 사람이 분노하고 저항할 의사가 있다는 사실만으로는 집합행동에 성공하기 어렵다. 내가 참여할 거란 사실을 다른 사람들이 알고, 다른 사람들도 참여하리란 것을 내가 알고 있으며, 다른 사람이 참여할 걸로 내가 알고 있다는 사실을 다른 사람들도 아는 무한 회귀의 과정이 필요하다. 이렇게 말하면 아주 복잡해 보이지만, 책에서 설명하듯이 한 번의 눈 맞춤이나 방송 전파를 타는 것만으로도 이런 조정은 이뤄질 수 있다. 반대로 개개인의 동기와 선호는 일치하더라도, 공유 지식을 형성하지 못하면 집합행동에 실패할 수 있다.

이 책이 공유 지식 개념을 통해서 설명하려는 대상은 근대적 합리성이나 시장 교환의 체제에 국한되지 않는다. 이 책은 다른 문명이나 과거 시대의 의례까지도 게임이론이 가정하는 차가운 합리성으로 설명하고 있다. 『합리적 의례』라는 제목은 사실 언뜻 보기에 '둥그런 네모'와 같은 모순어법으로 여겨진다. 다른 문화권의 의례나 종교의식은 합리성으로 설명될 수 없는 주술적인 현상으로 간주되어 왔기 때문이다. 인류학자들은 이런 현상에 대해 현지 조사를 통한 민족지적 방법으로 해석해 왔다. 마이클 최는 여러 다양한 문화적 의례가 내용과 구성 요소에서는 상이할지라도, 모두 같은 목적을 위해서 고안된 것이라고 주장한다. 그것은 공유 지식을 산출하는 일이다. 가령, 16세기 영국의 왕실 행차나 아프리카 부족의 의례, 그리고 프랑스혁명기의 페스티벌을 보면, 모두 전혀 상관없는 현상처럼 비치지만, 실제로는 공유 지식을 형성해서 정치적 권위에 대한 복종을 확인받는 메커니즘이다. 말하자면, 체제에 대해 내가 순응하듯이 다른 사람도 순응하고 있고, 우리 모두가 그러고 있다는 사실을 모두가 서로 알게 만드는 의례인 것이다.

이 책은 공유 지식이라는 개념이 정치, 사회현상뿐만 아니라, 대중문화와 역사, 부족사회의 의례, 건축이나 조형과 같은 인류의 문화 현상 전반에 걸쳐 설명력을 갖는다는 사실을 증명하고 있다. 마이클 최는 수리적 이론에 매우 능통한 학자이면서도, 이 책에서는 복잡한 수식을 철저히 배제하고 단순하고 자명한 이치를 통해서 매우 다양한 사례를 설명하고 있다(수리적인 접근을 보려면, 참고문헌에 나오는 마이클 최의 논문들을 참고할 수 있다). 단순 명료한 이론을 통해 수많은 현상을 설명한다는 의미에서 이론의 간결성parsimony을 잘 보여 주는 사례라 할 수 있다.

2

이 책은 2001년 처음 출간된 이후에 경제학, 정치학, 역사학, 사회학, 심리학, 경영학, 여성학, 인류학, 커뮤니케이션 이론 등 광범한 분야에 걸쳐 인용되었다. 번역본도 2003년 일본어판, 2004년 중국어판이 잇따라 출간된 바 있다. 이에 비하면, 한국 독자들에게는 10년이나 늦게 소개되는 셈이다. 하지만 작년에 미국에서 페이퍼백이 새로 나온 데서 보듯이, 『합리적 의례』는 시류를 타는 책이 아니며, 출간 후 10년여가 지난 지금까지도 여전히 영향력 있는 저술로 남아 있다. 이 책이 한국에 너무 늦게 소개되었지만, 전혀 늦지 않은 이유이기도 하다.

번역을 의뢰받은 것은 2008년 촛불 시위가 한창일 때였다. 책을 구해 읽기 시작하자 너무도 흥미로워서 책장이 술술 넘어갔다. 책의 논지는 당시 우리 사회를 뜨겁게 달구었던 촛불 시위와 너무도 잘 맞아떨어졌다. 처음에는 소수로 시작한 집회가 매일 이어지더니, 5월이 되자 매주 토요일이면 수만 명의 시민들이 서울 광장에 운집했다. 내가 나갈 뿐만 아니라, 다른 사람들도 나올 것이며, 그 사람들은 내가 나갈 것이란 사실을 알고 있었고, 그 사람들이 알고 있다는 사실을 나도 알았다. 이런 공유 지식이 일단 형성되자 참가자는 걷잡을 수 없이 불어났다. 참가할지 말지를 고민할 필요가 갈수록 줄어들었고, 그럴수록 대중은 늘어났다. 본문에 등장하는 구동독의 1989년 라이프치히 시위는 우리의 촛불 시위와 너무도 흡사해 보였다. 사람들이 모여서 만들어 내는 집합적 행동에 대해 늘 관심을 가졌지만, 이 책만큼 명료하고 설득력 있는 설명은 본 적이 없었다. 두 번 생각할 것도 없이 번역을 맡았지만, 여러 사정으로 작업이 미뤄졌고, 이제야 마치게 되었다. 저자인 마이클 최나 그의 배우자이며 번역문을 정성스럽게 고쳐 주신 UCLA 이남희 선생님께 여간 죄송스러운 마음이 아니다. 늦게나마 세상에 나오게 되어서 다행이라고 생각한다.

번역하며 궁금한 부분을 여쭐 때마다 친절하게 알려 주신 마이클 최 선생님께 감사드린다. 초고를 처음부터 끝까지 여러 차례에 걸쳐 꼼꼼하게 손봐주신 이남희 선생님은 이 책의 공역자나 다름없다. 후마니타스 출판사 편집진은 원문과 일일이 대조해 가며 틀린 부분을 족집게처럼 찾아서 고쳐 주었다. 이들의 도움이 아니었다면 이 책은 지금의 모습을 갖추기 어려웠을 것이다. 깊이 감사드린다. 이 책을 소개하고 번역을 맡도록 주선해 준 신재혁 교수에게도 감사의 마음을 전하고 싶다. 중요한 개념어들에 대해 자문해 준 권오헌 박사께도 감사드린다. 사람이 모이고 흩어지는 일은 늘 흥미로우면서도 이해하기 어려운 현상이다. 이 책이 제공하는 설명이 독자들의 인식의 지평을 넓혀 줄 수 있기를 바란다.

참고문헌

After Stonewall. 1999. Film by John Scagliotti, Vic Basile, Janet Baus, and Dan Hunt. First Run Features, New York.

Amos, Denise. 1991. "Super Bowl Advertising Game Plan: Keep it Simple." *St. Petersburg Times,* January 25, page 1E.

Anderson, Benedict. 1991. *Imagined Communities: Reflections on the Origin and Spread of Nationalism.* Revised edition. London: Verso[『상상의 공동체: 민족주의의 기원과 전파에 대한 성찰』, 윤형숙 옮김, 나남, 2002].

Aristotle. 1976. *The Ethics of Aristotle: The Nicomachean Ethics.* J. A. K. Thomson, translator; Hugh Tredennick, translator of revised edition. London: Penguin[『니코마코스 윤리학』, 천병희 옮김, 숲, 2013].

Auerbach, Jon and Beppi Crosariol. 1995. "Microsoft's Blockbuster: Backed by a $200 Million Blitz, Windows 95 is Coming to a PC Screen Near You." *Boston Globe* August 20, page 89.

Aumann, Robert J. 1974. "Subjectivity and Correlation in Randomized Strategies." *Journal of Mathematical Economics* 1: 67-96.

_____. 1976. "Agreeing to Disagree." *Annals of Statistics* 4: 1236-1239.

Austin, John. 1975. *How to Do Things with Words.* Second edition. J. O. Urmson and Marina Sbisa, editors. Cambridge, Massachusetts: Harvard University Press.

Bagwell, Kyle. 2007. "The Economic Analysis of Advertising." In *Handbook of Industrial Organization,* volume 3, edited by Mark Armstrong and Robert Porter. Amsterdam: Elsevier.

Baron-Cohen, Simon. 1995. *Mindblindness: An Essay on Autism and Theory of the Mind.* Cambridge, Massachusetts: MIT Press[『마음맹: 자폐증과 마음이론에 관한 과학 에세이』, 김혜리 옮김, 시그마프레스, 2005].

Baron-Cohen, Simon, Helen Tager-Flusberg and Donald J. Cohen. 2000. *Understanding Other Minds: Perspectives from Developmental Cognitive Neuroscience.* Second edition. Oxford: Oxford University Press.

Bates, Robert H. and Barry R. Weingast. 1995. "A New Comparative Politics: Integrating Rational Choice and Interpretivist Perspectives." Delivered at the American Political Science Association Meetings, Chicago.

Becker, Gary. S. 1991. "A Note on Restaurant Pricing and Other Examples of Social Influences on

Price." *Journal of Political Economy* 99: 1109-1116.

Becker, Gary S. and Kevin M. Murphy. 1993. "A Simple Theory of Advertising as a Good or Bad." *Quarterly Journal of Economics* 108: 941-964.

Bennett, W. Lance, Christian Breunig and Terri Givens. 2008. "Communication and Political Mobilization: Digital Media and the Organization of Anti-Iraq War Demonstrations in the U.S." *Political Communication* 25: 1-1.

Bentham, Jeremy. 1843 [1791]. *Panopticon; or, The Inspection-House; Containing the Idea of a New Principle of Construction Applicable to Any Sort of Establishment, in which Persons of Any Description Are To Be Kept Under Inspection; and in Particular to Penitentiary-Houses, Prisons, Poor-Houses, Lazarettos, Houses of Industry, Manufactories, Hospitals, Work-Houses, Mad-Houses, and Schools: With a Plan of Management Adapted to the Principle: In a Series of Letters, Written in the Year 1787, from Crechein White Russia, to a Friend in England.* In *The Works of Jeremy Bentham,* published under the superintendence of his executor, John Bowring. Volume IV. Edinburgh: William Tait[『파놉티콘』, 신건수 옮김, 책세상, 2007].

Berk, Richard A. 1974. "A Gaming Approach to Crowd Behavior." *American Sociological Review* 39: 355-373.

Bermeo, Nancy, editor. 1997. "Notes from the Annual Meetings: Culture and Rational Choice." *Newsletter of the APSA Organized Section in Comparative Politics* volume 8, number 2.

Best, Richard L. 1977. *Reconstruction of a Tragedy: The Beverly Hills Supper Club Fire.* Boston: National Fire Protection Association.

Biskind, Peter. 1975. "The Politics of Power in 'On the Waterfront.'" *Film Quarterly* volume 25, number 1 (Fall), pages 25-38.

Bloch, Maurice. 1974. "Symbols, Song, Dance and Features of Articulation." *Archives Europeenes de Sociologie* 15: 55-81.

Boorstin, Daniel J. 1961. *The Image: A Guide to Pseudo-Events in America.* New York: Harper & Row[『이미지와 환상』, 정태철 옮김, 사계절, 2004].

Brewin, Mark W. 2008. *Celebrating Democracy: The Mass-Mediated Ritual of Election Day.* New York: Peter Lang.

Brothers, Leslie. 1997. *Friday's Footprint: How Society Shapes the Human Mind.* New York: Oxford University Press.

Burke, David. 1997. "Legal Woes Give an Unhappy Twist to the Dream of a Young Boy Playing with His First Radio." *Decatur Herald & Review,* January.

Calvert, Randall L. 1992. "Leadership and its Basis in Problems of Social Coordination." *International Political Science Review* 13: 7-24.

Canter, David. 1980. "Fires and Human Behavior|An Introduction." In *Fires and Human Behavior,* David Canter, editor. Chichester, England: John Wiley & Sons.

Carey, James W. 1988. *Communication as Culture: Essays on Media and Society.* Boston: Unwin Hyman.

Chapkis, Wendy. 1986. *Beauty Secrets: Women and the Politics of Appearance.* Boston: South End Press.

Chaudhuri, Ananish, Andrew Schotter and Barry Sopher. 2009. "Talking Ourselves to Efficiency: Coordination in Inter-generational Minimum Effort Games with Private, Almost Common and Common Knowledge of Advice." *Economic Journal* 119: 9-22.

Chaves, Mark. 2004. *Congregations in America.* Cambridge: Harvard University Press.

Culpepper, Pepper D. 2008. "The Politics of Common Knowledge: Ideas and Institutional Change in Wage Bargaining." *International Organization* 62: 1-3.

Cheng, Mae M. 1996. "Keeping a More Horrifying Score: Game-Time Tally of Domestic Abuse." *Newsday,* January 28, page A6.

Chong, Dennis. 1991. *Collective Action and the Civil Rights Movement.* Chicago: University of Chicago Press.

Chwe, Michael Suk-Young. 1998. "Culture, Circles, and Commercials: Publicity, Common Knowledge, and Social Coordination." *Rationality and Society* 10: 4775.

_____. 1999a. "The Reeded Edge and the Phillips Curve: Money Neutrality, Common Knowledge, and Subjective Beliefs." *Journal of Economic Theory* 87: 49-71.

_____. 1999b. "Structure and Strategy in Collective Action." *American Journal of Sociology* 105: 128-156.

_____. 2000. "Communication and Coordination in Social Networks." *Review of Economic Studies* 67: 1-16.

_____. 2013. *Jane Austen, Game Theorist.* Princeton: Princeton University Press[『게임이론가 제인 오스틴』, 이경희 옮김, 후마니타스, 근간 예정].

Clark, Herbert H. and Catherine R. Marshall. 1992. "Denite Reference and Mutual Knowledge." In *Arenas of Language Use.* Herbert H. Clark, editor. Chicago: University of Chicago Press.

Cohen, Abner. 1974. *Two-Dimensional Man: An Essay on the Anthropology of Power and Symbolism in Complex Society.* Berkeley and Los Angeles: University of California Press.

Cohen, Jean. 1985. "Strategy or Identity: New Theoretical Paradigms and Contemporary Social Movements." *Social Research* 52: 663-716.

Cohen, Jeff and Norman Solomon. 1993. "Closing Eyes and Ears to Domestic Violence." *Cleveland Plain Dealer,* February 13, page 4B.

Coleman, James S. 1988. "Social Capital in the Creation of Human Capital." *American Journal of Sociology* 94 (supplement): S95-S120.

Connerton, Paul. 1989. *How Societies Remember.* Cambridge: Cambridge University Press.

Coser, Lewis A. 1990. "The Intellectuals in Soviet Reform: On 'Pluralistic Ignorance' & Mass Communications." *Dissent,* Spring 1990: 181-183.

Cowen, Tyler. 2000. *What Price Fame?* Cambridge, Massachusetts: Harvard University Press[『당신의 이름도 명품이 될 수 있다』, 전택수 옮김, 동방미디어, 2005].

Curtis, Russell L. and Benigno E. Aguirre. 1993. *Collective Behavior and Social Movements.* Boston: Allyn and Bacon.

d'Aquili, Eugene G. and Charles D. Laughlin, Jr. 1979. "The Neurobiology of Myth and Ritual." In *The Spectrum of Ritual: A Biogenetic Structural Analysis.* Eugene G. d'Aquili, Charles D. Laughlin, Jr., and John McManus, editors. New York: Columbia University Press.

Damasio, Antonio R. 1994. *Descartes' Error: Emotion, Reason, and the Human Brain.* New York: Avon Books[『데카르트의 오류』, 김린 옮김, 중앙문화사, 1999].

Davison, W. Phillips. 1983. "The Third-Person Eect in Communication." *Public Opinion Quarterly* 47: 1-15.

Dayan, Daniel and Elihu Katz. 1992. *Media Events: The Live Broadcasting of History.* Cambridge, Massachusetts: Harvard University Press.

Debord, Guy. [1967] 1995. *The Society of the Spectacle.* Donald Nicholson-Smith, tranlsator. Cambridge, Massachusetts: MIT Press. Originally published as *La Societe du Spectacle,* Paris: Buchet-Chastel[『스펙타클의 사회』, 이경숙 옮김, 현실문화연구, 1996].

DeMaris, Richard E. 2008. *The New Testament in its Ritual World.* London: Routledge.

De Vany, Arthur and David W. Walls. 1999. "Uncertainty in the Movie Industry: Does Star Power Reduce the Terror of the Box Oce?" *Journal of Cultural Economics* 23: 285-318.

Diehl, Jackson. 1992. "Israeli Army's New 'Open Fire' Orders Against Palestinians Draw Criticism." *The Washington Post,* May 7, p. A37.

Dixit, Avinash and Victor Norman. 1978. "Advertising and Welfare." *Bell Journal of Economics* 9: 1-17.

Downs, Donald Alexander and Ilia Murtazashvili. 2012. *Arms and the University: Military Presence and the Civic Education of Nonmilitary Students.* Cambridge: Cambridge University Press.

Durkheim, Emile. 1995 [1912]. *The Elementary Forms of Religious Life.* Karen E. Fields, translator. New York: The Free Press[『종교 생활의 원초적 형태』, 노치준 옮김, 민영사, 1992].

Erickson, Gladys A. 1957. *Warden Ragen of Joliet.* New York: E. P. Dutton.

Fernandez, Roberto M. and Doug McAdam. 1988. "Social Networks and Social Movements: Multiorganizational Fields and Recruitment to Freedom Summer." *Sociological Forum* 3: 357-382.

Feygin, Diana L., James E. Swain and James F. Leckman. 2006. "The Normalcy of Neurosis: Evolutionary Origins of Obsessive-Compulsive Disorder and Related Behaviors." *Progress in Neuro-Psychopharmacology and Biological Psychiatry* 30: 854-4.

Foss, Nicolai J. 2001. "Leadership, Beliefs and Coordination." *Industrial and Corporate Change* 10: 357-8.

Fisher, Franklin M., John J. McGowan and David S. Evans. 1980. "The Audience-Revenue

Relationship for Local Television Stations." *Bell Journal of Economics* 11: 694-708.

Foucault, Michel. 1979. *Discipline and Punish: The Birth of the Prison.* Alan Sheridan, translator. New York: Vintage[『감시와 처벌: 감옥의 역사』, 오생근 옮김, 나남, 2016].

Fournier, Gary M. and Donald L. Martin. 1983. "Does Government-Restricted Entry Produce Market Power? New Evidence from the Market for Television Advertising." *Bell Journal of Economics* 14: 44-56.

Fraser, Nancy. 1989. *Unruly Practices: Power, Discourse, and Gender in Contemporary Social Theory.* Minneapolis: University of Minnesota Press.

_____. 1990. "The Uses and Abuses of French Discourse Theories for Feminist Politics." *boundary 2* 17: 82-101.

Fried, Michael. 1977 [1967]. "Art and Objecthood." In *Aesthetics: A Critical Anthology,* George Dickie and R. J. Sclafani, editors. New York: St. Martin's Press. Originally published in *Art Forum,* June 1967.

Freidell, Morris F. 1969. "On the Structure of Shared Awareness." *Behavioral Science* 14: 28-9.

Frishkopf, Michael, ed. 2010. *Music and Media in the Arab World.* Cairo: American University in Cairo Press.

Geanakoplos, John. 1992. "Common Knowledge." *Journal of Economic Perspectives.* 6: 53-82.

Geertz, Cliford. 1973. *The Interpretation of Cultures: Selected Essays by Cliford Geertz.* New York: Basic Books[『문화의 해석』, 문옥표 옮김, 까치, 1998].

_____. 1980. *Negara: The Theatre State in Nineteenth-Century Bali.* Princeton: Princeton University Press[『극장국가 느가라: 19세기 발리의 정치체제를 통해서 본 권력의 본질』, 김용진 옮김, 눌민, 2017].

_____. 1983. "Centers, Kings, and Charisma: Reflections on the Symbolics of Power." In *Local Knowledge: Further Essays in Interpretive Anthropology.* New York: Basic Books. Originally published in *Culture and Its Creators: Essays in Honor of Edward Shils*(Chicago: University of Chicago Press, 1977), Joseph Ben-David and Terry Nichols Clark, editors.

Gilboa, Itzhak. 1998. *Theoretical Aspects of Rationality and Knowledge: Proceedings of the Seventh Conference (TARK 1998): July 22-24, 1998, Evanston, Illinois, USA.* San Francisco: Morgan Kaufmann Publishers.

Gill, Anthony J., and Steven J. Pfaff. 2010. "Acting in Good Faith: An Economic Approach to Religious Organizations as Advocacy Groups." In *Advocacy Organizations and Collective Action,* edited by Aseem Prakash and Mary Kay Gugerty. Cambridge: Cambridge University Press.

Goffman, Erving. 1969. *Strategic Interaction.* Philadelphia: University of Pennsylvania Press.

Goldstone, Jack A. 2001. "Toward a Fourth Generation of Revolutionary Theory." *Annual Review of Political Science* 4: 139-7.

Goodsell, Charles T. 1988. *The Social Meaning of Civic Space: Studying Political Authority through*

Architecture. Lawrence, Kansas: University Press of Kansas.

Gorov, Lynda. 1993. "Activists: Abused Women at Risk on Super Sunday." *Boston Globe,* January 29, page 13.

Gorton, Gary B. 2010. *Slapped by the Invisible Hand: The Panic of 2007.* Oxford: Oxford University Press.

Gould, Roger V. 1993. "Collective Action and Network Structure." *American Sociological Review* 58: 182-196.

_____. 1995. *Insurgent Identities: Class, Community, and Protest in Paris from 1848 to the Commune.* Chicago: University of Chicago Press.

Granovetter, Mark. 1973. "The Strength of Weak Ties." *American Journal of Sociology* 78: 1360-1380.

_____. 1995. *Getting a Job: A Study of Contacts and Careers.* Second edition. Chicago: University of Chicago Press.

Griths, Paul. 1995. "Gambling for Life: The Met Unveils a New Production of Tchaikovsky's 'Queen of Spades.'" *The New Yorker,* November 20, 121-123.

Habermas, Jürgen. 1986 [1977]. "Hannah Arendt's Communications Concept of Power." In *Power,* Steven Lukes, editor. New York: New York University Press. Originally published in *Social Research* 44: 3-24.

_____. 1989. *The Theory of Communicative Action.* Volume 1. Boston: Beacon Press[『의사소통 행위 이론 1』, 장춘익 옮김, 나남, 2006].

Hardin, Russell. 1995. *One For All: The Logic of Group Conflict.* Princeton: Princeton University Press.

Harsanyi, John C. and Reinhard Selten. 1988. *A General Theory of Equilibrium Selection in Games.* Cambridge, Massachusetts: MIT Press.

Harvey, Anna. 1999. "Partisanship as a Social Convention." Working paper, New York University.

Helm, Leslie. 1995. "Global Hype Raises the Curtain on Windows 95: Microsoft Introduces New Software|And Softer Image|With Myriad of Grandiose Gimmicks." *Los Angeles Times,* August 24, part A, page 1.

Hobsbawm, Eric. 1983. "Mass-Producing Traditions: Europe, 1870-1914." In *The Invention of Tradition,* Eric Hobsbawm and Terence Ranger, editors. Cambridge: Cambridge University Press["6장 대량생산되는 전통들," 『만들어진 전통』, 박지향·장문석 옮김, 휴머니스트, 2004].

Horovitz, Bruce. 1987. "Marketing: Super Bowl is the Event in Ad Game." *Los Angeles Times,* January 6, part 4, page 9.

Horton, William S. and Boaz Keysar. 1996. "When Do Speakers Take into Account Common Ground?" *Cognition* 59: 91-117.

Howard, Philip N., Aiden Duffy, Deen Freelon, Muzammil Hussain, Will Mari and Marwa

Mazaid. 2011. "Opening Closed Regimes: What Was the Role of Social Media During the Arab Spring?" Working paper, Project on Information Technology and Political Islam.

Hunt, Lynn. 1984. *Politics, Culture, and Class in the French Revolution.* Berkeley and Los Angeles: University of California Press.

Isaacson, Melissa. 1996. "NFL's Stance on Domestic Abuse Far Short of Super." *Chicago Tribune,* January 21, Sports section, page 3.

Jacobs, James B. 1977. *Stateville: The Penitentiary in Mass Society.* Chicago: University of Chicago Press.

Jakobson, Roman. 1966. "Grammatical Parallelism and its Russian Facet." *Language* 42: 399-429.

Jehl, Douglas. 1996. "Egypt Adding Corn to Bread: An Explosive Mix?" *New York Times,* November 27, section A, page 4.

Johnson, Bradley. 1994. "The Commercial, and the Product, which Changed Advertising." *Advertising Age,* January 10.

Johnson, James. 1993. "Is Talk Really Cheap? Prompting Conversation Between Critical Theory and Rational Choice." *American Political Science Review* 87: 74-86.

Johnson, Norris. 1987. "Panic at 'The Who Concert Stampede': An Empirical Assessment." *Social Problems* 34: 362-373.

Julius, N. H. 1831. *Lecons sur les prisons,* I. French translation.

Kahn, Joseph P. 1989. "Super Bowl III-D." *Boston Globe,* January 20, page 27.

Katz, Michael L. and Carl Shapiro. 1994. "Systems Competition and Network Eects." *Journal of Economic Perspectives* 8: 93-115.

Keesing, Roger M. 1987. "Anthropology as an Interpretive Quest." *Current Anthropology* 28: 161-176.

Keller, Kevin Lane. 1993. "Conceptualizing, Measuring, and Managing Customer-Based Brand Equity." *Journal of Marketing* 57: 1-22.

Kelly, Kevin. 1997. "New Rules for the New Economy." *Wired*, September.

Kihlstrom, Richard E. and Michael H. Riordan. 1984. "Advertising as a Signal." *Journal of Political Economy* 92: 427-450.

Kochen, Manfred. 1989. *The Small World.* Norwood, New Jersey: Ablex Publishing.

Kreps, David M. 1990. "Corporate Culture and Economic Theory." In *Perspectives on Positive Political Economy,* James E. Alt and Kenneth A. Shepsle, editors. New York: Cambridge University Press.

Kuran, Timur. 1991. "Now Out of Never: The Element of Surprise in the East European Revolution of 1989." *World Politics* 44: 7-48.

_____. 1995. *Private Truths, Public Lies: The Social Consequences of Preference Falsication.* Cambridge, Massachusetts: Harvard University Press.

Laitin, David D. 1986. *Hegemony and Culture: Politics and Religious Change among the Yoruba.* Chicago: University of Chicago Press.

_____. 1994. "The Tower of Babel as a Coordination Game: Political Linguistics in Ghana." *American Political Science Review* 88: 622-634.

Lambert, Gerard B. 1956. *All Out of Step: A Personal Chronicle.* New York: Doubleday.

Lane, Randall. 1993. "Prepackaged Celebrity." *Forbes,* December 20, page 86.

Lee, Namhee. 2000. "Minjung, History, and Subjectivity: The South Korean Student Movement and the Making of Minjung, 1960-1987." Doctoral dissertation, University of Chicago[『민중 만들기: 한국의 민주화 운동과 재현의 정치학』, 이경희·유리 옮김, 후마니타스, 2015].

Lekson, Stephen H. 1984. *Great Pueblo Architecture of Chaco Canyon, New Mexico.* Albuquerque, New Mexico: National Park Service.

Lennen, Philip W. 1926. "In Memoriam: An Appreciation of Milton Feasley — A Real Advertising Man." *Printers' Ink* volume 137, number 2 (October 14), 25-28.

Lerner, Gerda. 1993. *The Creation of Feminist Consciousness: From the Middle Ages to Eighteen-seventy.* New York: Oxford University Press[『역사 속의 페미니스트: 중세에서 1870년까지』, 김인성 옮김, 평민사, 2007].

Lev, Michael. 1991. "Super Bowl 25: The Football Hoopla Yields to Hype." *New York Times,* January 6, section 3, page 5.

Lévi-Strauss, Claude. 1963. *Structural Anthropology.* Claire Jacobson and Brooke Grundfest Schoepf, translators. New York: Basic Books[『구조 인류학』, 김진욱 옮김, 종로서적, 1987].

Lewis, David K. 1969. *Convention: A Philosophical Study.* Cambridge, Massachusetts: Harvard University Press.

Lichbach, Mark Irving and Alan S. Zuckerman, editors. 1997. *Comparative Politics: Rationality, Culture, and Structure.* New York: Cambridge University Press.

Lipe, William D. and Michelle Hegmon, editors. 1989. *The Architecture of Social Integration in Prehistoric Pueblos.* Cortez, Colorado: Crow Canyon Archaeological Center.

Lipsyte, Robert. 1993. "Super Bowl XXVII: Violence Translates at Home." *New York Times,* January 31, section 8, page 5.

Lohmann, Susanne. 1994. "The Dynamics of Informational Cascades: The Monday Demonstrations in Leipzig, East Germany, 1989-91." *World Politics* 42-101.

Luomanen, Petri, Ilkka Pyysiäinen and Risto Uro, eds. 2007. *Explaining Christian Origins and Early Judaism: Contributions from Cognitive and Social Science.* Leiden: Brill.

The Long Walk of Nelson Mandela. 1999. Television episode of *Frontline,* airing May 25, 1999. David Fanning and Indra deLanerolle, producers. Cliford Bestall, director.

Luhmann, Niklas. 1985. *A Sociological Theory of Law.* Elizabeth King and Martin Albrow, translators. London: Routledge and Kegan Paul.

Macy, Michael W. 1991. "Chains of Cooperation: Threshold Effects in Collective Action." *American Sociological Review* 56: 730-747.

Marchand, Roland. 1985. *Advertising the American Dream: Making Way for Modernity, 1920-1940.* Berkeley and Los Angeles: University of California Press.

Marwell, Gerald, and Pamela Oliver. 1993. *The Critical Mass in Collective Action.* Cambridge: Cambridge University Press.

McAdam, Doug. 1986. "Recruitment to High-Risk Activism: The Case of Freedom Summer." *American Journal of Sociology* 92: 64-90.

McAdam, Doug and Ronnelle Paulsen. 1993. "Specifying the Relationship between Social Ties and Activism." *American Journal of Sociology* 99: 640-667.

McAdams, Richard H., and Janice Nadler. 2005. "Testing the Focal Point Theory of Legal Compliance: The Effect of Third-Party Expression in an Experimental Hawk/Dove Game." *Journal of Empirical Legal Studies* 2: 87-23.

McCrone, John. 1994. "Don't Forget Your Memory Aide." *New Scientist* February 5, page 32-36.

McGraw, Dan. 1999. "Web Mania Hits Super Sunday." *USA Today* February 8, page 40.

McNaught, Brian. 1993. *Gay Issues in the Workplace.* New York: St. Martin's Press.

Milgram, Stanley. 1992. *The Individual in a Social World: Essays and Experiments.* John Sabini and Maury Silver, editors. Second edition. New York: McGraw Hill.

Milgrom, Paul. 1981. "An Axiomatic Characterization of Common Knowledge." *Econometrica* 49: 219-222.

Milgrom, Paul and John Roberts. 1986. "Price and Advertising Signals of Product Quality." *Journal of Political Economy* 94: 796-821.

Monderer, Dov and Dov Samet. 1989. "Approximating Common Knowledge with Common Beliefs." *Games and Economic Behavior* 1: 170-190.

Montgomery, James D. 1991. "Social Networks and Labor-Market Outcomes: Toward an Economic Analysis." *American Economic Review* 81: 1408-1418.

Moore, Will H. 1995. "Rational Rebels: Overcoming the Free-Rider Problem." *Political Research Quarterly* 48: 417-454.

Morgan, Robin, editor. 1970. *Sisterhood is Powerful: An Anthology of Writings from the Women's Liberation Movement.* New York: Vintage.

Morris, Stephen. 1999. "Approximate Common Knowledge Revisited." *International Journal of Game Theory* 28: 385-408.

Morris, Stephen, Rafael Rob and Hyun Song Shin. 1995. "p-Dominance and Belief Potential." *Econometrica* 63: 145-157.

Morris, Stephen and Hyun Song Shin. 1999. "Private versus Public Information in Coordination

Problems." Working paper, Yale University and Oxford University.

Morris, Stephen, and Hyun Song Shin. 2002. "Social Value of Public Information." *American Economic Review* 92: 1521-4.

_____. 2012. "Contagious Adverse Selection." *American Economic Journal: Macroeconomics* 4: 1-1.

Mosse, David. 2006. "Collective Action, Common Property, and Social Capital in South India: An Anthropological Commentary." *Economic Development and Cultural Change* 54: 695-24.

Mullen, Brian and Li-tze Hu. 1988. "Social Projection as a Function of Cognitive Mechanisms: Two Meta-Analytic Integrations." *British Journal of Social Psychology* 27: 333-356.

Mutz, Diana. 1998. *Impersonal Influence: How Perceptions of Mass Collectivities Affect Political Attitudes.* Cambridge: Cambridge University Press.

Nelson, Phillip. 1974. "Advertising as Information." *Journal of Political Economy* 82: 729-754.

Nov, Oded, and Sheizaf Rafaeli. 2009. "Measuring the Premium on Common Knowledge in Computer-Mediated Coordination Problems." *Computers in Human Behavior* 25: 171-4.

Ober, Josiah. 2008. *Democracy and Knowledge: Innovation and Learning in Classical Athens.* Princeton: Princeton University Press.

O'Gorman, Hubert J. 1979. "White and Black Perceptions of Racial Values." *Public Opinion Quarterly* 43: 48-59.

_____. 1986. "The Discovery of Pluralistic Ignorance: An Ironic Lesson." *Journal of the History of the Behavioral Sciences* 22: 333-347.

Okely, Judith. 1986. *Simone de Beauvoir.* New York: Pantheon.

Olson, Mancur. 1971. *The Logic of Collective Action: Public Goods and the Theory of Groups.* Cambridge, Massachusetts: Harvard University Press[『집단행동의 논리: 공공재와 집단 이론』, 최광·이성규 옮김, 한국문화사, 2013].

O'Neill, Barry. 2000. *Honor, Symbols, and War.* Ann Arbor, Michigan: University of Michigan Press.

Opp, Karl-Dieter and Christiane Gern. 1993. "Dissident Groups, Personal Networks, and Spontaneous Cooperation: The East German Revolution of 1989." *American Sociological Review* 58: 659-680.

Ottina, Theresa J. 1995. *Advertising Revenues per Television Household: A Market by Market Analysis.* Washington DC: National Association of Broadcasters.

Ozouf, Mona. 1988 [1976]. *Festivals and the French Revolution.* Cambridge, Massachusetts: Harvard University Press. Alan Sheridan, translator. Originally published as *La Fête Revolutionnaire, 1789- 1799.*

Palumbo-Liu, David. 2005. "Rational and Irrational Choices: Form, Affect, and Ethics." In *Minor Transnationalism,* edited by Francoise Lionnet and Shu-Mei Shih. Durham, North Carolina: Duke University Press.

Parikh, Rohit. 2002. "Social Software." *Synthese* 132: 187-11.

Pastine, Ivan, and Tuvana Pastine. 1999a. "Consumption Externalities, Coordination, and Advertising." Working paper, Bilkent University.

_____. 1999b. "Coordination in Markets with Consumption Externalities: The Role of Advertising and Product Quality." Working paper, Bilkent University.

Perner, Josef and Heinz Wimmer. 1985. " 'John Thinks that Mary Thinks That···.' Attribution of Second-Order Beliefs by 5- to 10-Year-Old Children." *Journal of Experimental Child Psychology* 39: 437-471.

Pinker, Steven. 2011. *The Better Angels of Our Nature: Why Violence Has Declined.* New York: Viking[『우리 본성의 선한 천사: 인간은 폭력성과 어떻게 싸워 왔는가』, 김명남 옮김, 사이언스북스, 2014].

Polanyi, Michael. 1958. *Personal Knowledge: Towards a Post-Critical Philosophy.* London: Routledge and Kegan Pau[『개인적 지식』, 표재명 옮김, 아카넷, 2001].

Poltrack, David. 1983. *Television Marketing: Network, Local, and Cable.* New York: McGraw-Hill.

Postema, Gerald J. 1982. "Coordination and Convention at the Foundations of Law." *Journal of Legal Studies* 11: 165-203.

Postoutenko, Kirill, ed. 2010. *Totalitarian Communication: Hierarchies, Codes and Messages.* Bielefeld: transcript Verlag.

Povinelli, Daniel J. and Daniela K. O'Neill. 2000. "Do Chimpanzees Use Their Gestures to Instruct Each Other?" In *Understanding Other Minds: Perspectives from Developmental Cognitive Neuroscience,* Simon Baron-Cohen, Helen Tager-Flusberg, and Donald J. Cohen, editors. Oxford: Oxford University Press.

Raboteau, Albert. 1978. *Slave Religion: The "Invisible Institution" of the Antebellum South.* New York: Oxford University Press.

Rao, Vijayendra, and Michael Walton, eds. 2004. *Culture and Public Action.* Stanford: Stanford University Press.

Rapoport, Anatol, and W. J. Horvath. 1961. "A Study of a Large Sociogram." *Behavioral Science* 6: 279-291.

Rattray, R. S. 1923. *Ashanti.* Oxford: Clarendon Press.

Real, Michael R. 1982. "The Super Bowl: Mythic Spectacle." In *Television: The Critical View,* Horace Newcomb, editor. Third edition. New York: Oxford University Press.

Reichenbach, Harry. 1931. *Phantom Fame.* New York: Simon and Schuster.

Rendon, Jim. 1998. "Inside the New High-Tech Lock-Downs." *Salon* September 8. Available at www.salon.com.

Rheingold, Howard. 2002. *Smart Mobs: The Next Social Revolution.* New York: Perseus Publishing[『참여 군중』, 이운경 옮김, 황금가지, 2003].

Ridgeway, Cecilia L. 2011. *Framed by Gender: How Gender Inequality Persists in the Modern World.* Oxford: Oxford University Press.

Ringle, Ken. 1993. "Debunking the 'Day of Dread' for Women: Data Lacking for Claim of Domestic Violence Surge After Super Bowl." *Washington Post,* January 31, page A1.

Rolfe, Meredith. 2012. *Voter Turnout: A Social Theory of Political Participation.* Cambridge: Cambridge University Press.

Rothenberg, Randall. 1998. "Bye-Bye." *Wired* January.

Rousseau, Jean-Jacques. [1755] 1984. *A Discourse on Inequality.* Maurice Cranston, translator. Harmondsworth, Middlesex, England: Penguin Books[『인간 불평등 기원론』, 주경복 옮김, 책세상, 2003].

Rubinstein, Ariel. 1989. "The Electronic Mail Game: Strategic Behavior Under 'Almost Common Knowledge.' " *American Economic Review* 79: 385-391.

Rutherford, Paul. 1994. *The New Icons? The Art of Television Advertising.* Toronto: University of Toronto Press.

Rydgren, Jens. 2009. "Beliefs." In *The Oxford Handbook of Analytical Sociology,* edited by Peter Hedstrom and Peter Bearman. Oxford: Oxford University Press.

Samuelson, Larry. 1998. *Evolutionary Games and Equilibrium Selection.* Cambridge, Massachusetts: MIT Press.

Sandburg, Carl. 1936. *The People, Yes.* New York: Harcourt, Brace.

Schelling, Thomas C. 1980[1960]. *The Strategy of Conflict.* Second edition. Cambridge, Massachusetts: Harvard University Press[『갈등의 전략』, 이경남 옮김, 한국경제신문사, 2013].

Schiffer, Stephen R. 1972. *Meaning.* Oxford: Clarendon Press.

Schor, Juliet B. 1998. *The Overspent American: Upscaling, Downshifting, and the New Consumer.* New York: Basic Books.

Schudson, Michael. 1995. *The Power of News.* Cambridge, Massachusetts: Harvard University Press.

Schuessler, Alexander A. 2000. *A Logic of Expressive Choice.* Princeton: Princeton University Press.

Schwartz, Tony. 1973. *The Responsive Chord.* New York: Anchor Press.

Scott, James C. 1990. *Domination and the Arts of Resistance: Hidden Transcripts.* New Haven, Connecticut: Yale University Press[『지배 그리고 저항의 예술』, 전상인 옮김, 후마니타스, 2020].

Semple, Janet. 1993. *Bentham's Prison: A Study of the Panopticon Penitentiary.* Oxford: Oxford University Press.

Sen, Amartya K. 1967. "Isolation, Assurance, and the Social Rate of Discount." *Quarterly Journal of Economics* 81: 112-124.

Sewell, William H. Jr. 1985. "Ideologies and Social Revolutions: Reflections on the French Case." *The Journal of Modern History* 57: 57-85.

_____. 1993. "Toward a Post-materialist Rhetoric for Labor History." In *Rethinking Labor History*. Lenard R. Berlanstein, editor. Urbana and Chicago: University of Illinois Press.

Shamir, Jacob. 1993. "Pluralistic Ignorance Revisited: Perception of Opinion Distributions in Israel." *International Journal of Public Opinion Research* 5: 22-39.

Shin, Hyun Song. 1996. "Comparing the Robustness of Trading Systems to Higher-Order Uncertainty." *Review of Economic Studies* 63: 39-59.

Shirk, Susan L., ed. 2011. *Changing Media, Changing China*. Oxford: Oxford University Press.

Shirky, Clay. 2011. "The Political Power of Social Media: Technology, the Public Sphere, and Political Change." *Foreign Affairs* 90(1): 28-1.

Signorile, Michelangelo. 1993. *Queer in America: Sex, the Media, and the Closets of Power*. New York: Random House.

_____. 1995. *Outing Yourself: How to Come Out as Lesbian or Gay to Your Family, Friends, and Coworkers*. New York: Random House.

Simpson, Glenn R. 1996. "Dole Campaign Has Paid Over $1 Million to Firm That Uses Telemarketing to Criticize Opponents." *Wall Street Journal*, March 12, page A20.

Sivulka, Juliann. 1998. *Soap, Sex, and Cigarettes: A Cultural History of American Advertising*. Belmont, CA: Wadsworth.

Sluka, Jerey A. 1992. "The Politics of Painting: Political Murals in Northern Ireland." In *The Paths to Domination, Resistance, and Terror*, Carolyn Nordstrom and JoAnn Martin, editors. Berkeley and Los Angeles: University of California Press.

Sperber, Dan and Deirdre Wilson. 1986. *Relevance: Communication and Cognition*. Oxford: Basil Blackwell.

Staal, Frits. 1989. *Rules Without Meaning: Ritual, Mantras and the Human Sciences*. New York: Peter Lang.

Stellin, Susan. 2000. "Increasingly, E-Mail Users Find They Have Something to Hide." *New York Times* February 10, page G8.

Stewart, David W. 1992. "Speculations on the Future of Advertising Research." *Journal of Advertising* 21: 1-18.

Stewart, Ian. 1998. "Mathematical Recreations." *Scientic American*. August, 96-97.

"Super TV Ad Jumps into Homes." 1995. *St. Louis Post-Dispatch* February 1, page 8C.

Swedberg, Richard. 1990. *Economics and Sociology: Redening their Boundaries: Conversations with Economists and Sociologists*. Princeton: Princeton University Press.

Tambiah, Stanley Jeyaraja. 1985. "A Performative Approach to Ritual." In *Culture, Thought, and Social Action: An Anthropological Perspective*. Cambridge, Massachusetts: Harvard University Press.

Taylor, Catharine P. 1999. "Netscape's Netcenter and Qwest Communications." *Adweek* eastern edition. March 8, page 33.

Tichi, Cecelia. 1991. *Electronic Hearth: Creating an American Television Culture.* New York: Oxford University Press.

Trow, George W. S. 1997. *Within the Context of No Context.* New York: Atlantic Monthly Press.

Tsai, Lily. 2011. "Holding Government Accountable through Informal Institutions: Solidary Groups and Public Goods Provision in Rural China." In *Accountability Through Public Opinion: From Inertia to Public Action,* edited by Sina Odugbemi and Taeku Lee. Washington, D.C.: The World Bank.

Turner, Ralph H. and Lewis M. Killian. 1987. *Collective Behavior.* Third edition. Englewood Clis, New Jersey: Prentice Hall.

Turner, Victor. 1968. *The Drums of Affliction: A Study of Religious Processes Among the Ndembu of Zambia.* Oxford: Clarendon Press.

_____. 1969. *The Ritual Process: Structure and Anti-Structure.* Ithaca, New York: Cornell University Press[『의례의 과정』, 박근원 옮김, 한국심리치료연구소, 2005].

Turow, Joseph. 1997. *Breaking Up America: Advertisers and the New Media World.* Chicago: University of Chicago Press.

Twitchell, James B. 1996. *Adcult USA: The Triumph of Advertising in American Culture.* New York: Columbia University Press.

Uspensky, B. A. 1975. " 'Left' and 'Right' in Icon Painting." *Semiotica* 13: 33-39.

Valente, Thomas W. 1995. *Network Models of the Diffusion of Innovations.* Creskill, New Jersey: Hampton Press.

Verba, Sidney. 1965. "The Kennedy Assassination and the Nature of Political Commitment." In *The Kennedy Assassination and the American Public: Social Communication in Crisis,* Bradley S. Greenberg and Edwin B. Parker, editors. Stanford: Stanford University Press.

Vinikas, Vincent. 1992. *Soft Soap, Hard Sell: American Hygiene in an Age of Advertisement.* Ames, Iowa: Iowa State University Press.

Waldmeir, Patti. 1997. *Anatomy of a Miracle: The End of Apartheid and the Birth of the New South Africa.* New York: Norton.

Walgrave, Stefaan, and Dieter Rucht, eds. 2010. *The World Says No to War: Demonstrations against the War on Iraq.* Minneapolis: University of Minnesota Press.

Walters, Ronald G. 1980. "Signs of the Times: Cliford Geertz and Historians." *Social Research* 47: 537-556.

Webster, James G. and Lawrence W. Lichty. 1991. *Ratings Analysis: Theory and Practice.* Hillsdale, New Jersey: Lawrence Erlbaum Associates.

Webster, James G. and Patricia F. Phalen. 1997. *The Mass Audience: Rediscovering the Dominant Model.* Mahwah, New Jersey: Lawrence Erlbaum Associates.

Webster, James G. 2008. "Structuring a Marketplace of Attention." In *The Hyperlinked Society: Questioning Connections in the Digital Age,* edited by Joseph Turow and Lokman Tsui. Ann

Arbor: University of Michigan Press.

Weinberger, David. 1995. "The Daily Me? No, the Daily Us." *Wired*, April, 108.

Weingast, Barry R. 1997. "The Political Foundations of Democracy and the Rule of Law." *American Political Science Review* 91: 245-263.

Wirth, Michael O. and Harry Bloch. 1985. "The Broadcasters: The Future Role of Local Stations and the Three Networks." In *Video Media Competition: Regulation, Economics, and Technology*, Eli M. Noam, editor. New York: Columbia University Press.

Wolcott, James. 1996. "Reborn on the Fourth of July." *The New Yorker* July 15, page 80-81.

Wolf, Naomi. 1991. *The Beauty Myth: How Images of Beauty are Used Against Women*. New York: Anchor Books[『무엇이 아름다움을 강요하는가』, 윤길순 옮김, 김영사, 2016].

Wright, Richard. 1993 [1945]. *Black Boy*. New York: Harper Perennial[『깜둥이 소년』, 이홍률 옮김, 푸른미디어, 1998].

Wyatt, Justin. 1994. *High Concept: Movies and Marketing in Hollywood*. Austin, Texas: University of Texas Press.

Young, Peyton. 1996. "The Economics of Convention." *Journal of Economic Perspectives* 10: 105-122.

_____. 1998. *Individual Strategy and Social Structure: An Evolutionary Theory of Institutions*. Princeton: Princeton University Press.

Zoglin, Richard. 1993. "When the Revolution Comes, What Will Happen To···" *Time*, April 12, page 56.

Zuckerman, Ezra W. 2010. "What If We Had Been in Charge? The Sociologist as Builder of Rational Institutions." In *Markets on Trial: The Economic Sociology of the U.S. Financial Crisis: Part B*, edited by Michael Lounsbury and Paul M. Hirsch. Bingley, West Yorkshire: Emerald Group Publishing.

찾아보기